Michael Bauer / Carina Bauer

Gute Nacht Geschichten

...mit Hans und Fritz und Susi und Petra

lifecollege
Michael Bauer

Impressum

Gute Nacht Geschichten
..mit Hans und Fritz und Susi und Petra

Autoren:
Michael Bauer / 92224 Amberg
Carina Bauer / 92224 Amberg

ISBN: 978-3-944803-66-1 (Paperback)
ISBN: 978-3-944803-69-2 (e-Book)

Verlag:
Michael Bauer - Lifecollege
Hinter der Veste 2
92224 Amberg

Druck:
Books on Demand GmbH
In de Tarpen 42
22848 Norderstedt

Bibliografische Information der Deutschen Nationalbibliothek:
Die Deutsche Nationalbibliothek verzeichnet diese Publikation in der Deutschen Nationalbibliografie; detaillierte bibliografische Daten sind im Internet über http://dnb.d-nb.de abrufbar.

Inhaltsverzeichnis:

Der Beginn einer wunderbaren Freundschaft

Fritz lebte mit seinen Eltern Martin und Susanne Heidemann in einer mittelgroßen Stadt. Dort fuhren den ganzen Tag viele Autos auf den Straßen. Überall, in den U- und Straßenbahnen und zu Fuß, immer waren viele Menschen irgendwohin unterwegs. Hans mochte das bunte Treiben, denn er kannte es nicht anders.

Eines Tages bekam der Papa von Hans einen neuen Job angeboten, bei dem er mehr Geld verdienen sollte als vorher und den er lieber machen wollte als seinen bisherigen. „Da kann ich mich besser verwirklichen", sagte der Papa von Fritz – was das genau bedeutete, wusste Fritz nicht. Jedenfalls schien es sehr wichtig zu sein, dass sein Papa den Job annahm. Deswegen mussten sie aus der großen, bewegten Stadt in ein kleines, ruhiges Dorf umziehen. Das Dorf hieß Wiesenheim. Seine Mutter sagte, das würde Fritz sicher gut tun, weil das Dorf seinem Namen alle Ehre machte und es dort wirklich viele Wiesen gab, auf denen Fritz herumtollen könne. Fritz war sich nicht so sicher, ob er das wollte: Er könnte seine alten Freunde nicht mehr oder nur noch selten sehen, er musste in eine andere Schule gehen und alle Straßen und Leute wären ihm erst einmal unbekannt. Aber er musste eben mit umziehen.

An dem Tag, als seine Eltern die Kisten, in denen all ihre Sachen waren, in einen großen Transportwagen gepackt hatten und sie von ihrem alten in ihr neues Zuhause fuhren, war Fritz ziemlich aufgeregt. Während der Autofahrt stellte sich Fritz vor, wie es wohl um sein neues Zuhause herum aussehen würde. Ein Bild von dem Häuschen mit einem schönen Garten hatte er schon im Internet gesehen. „Dort gibt es fast keine Autos und Busse", hatte seine Mama begeistert erzählt. Wie aber die Straßen ohne viele Autos und Busse aussehen sollten, konnte er sich nicht so recht vorstellen.

Als ihr Transporter endlich vor dem Haus hielt, sprang Fritz sofort heraus und schaute sich jeden Winkel des Gartens an, während seine Eltern die Kisten ins Haus trugen. Im Garten gab es zwei alte Apfelbäume, viele Blumen auf der ungemähten Wiese – denn es war gerade Sommer – und sogar eine kleine Einbuchtung an der Kellerwand, die er gleich als Versteck auserkoren hatte, wenn er mal nicht gleich gefunden werden wollte. Doch nachdem er sich dort alles angesehen, seinen Eltern ein bisschen beim Auspacken geholfen und sich das Haus von innen angesehen hatte, wusste er nicht mehr, womit er sich beschäftigen sollte. Was sollte er spielen ohne seine Freunde aus dem Wohnblock? Es war alles so neu und so ungewohnt still. Tatsächlich waren auf der Straße neben dem Häuschen erst fünf Autos innerhalb der letzten zwei Stunden vorbeigefahren!

Außerdem wusste er ja noch nicht, wie es in der neuen Schule werden würde. Von außen hatte er das Schulhaus schon gesehen: Es war kleiner als seine alte Schule, wirkte aber so, dass Fritz gerne mal hineinschauen wollte. Wie es drinnen aussah, wer seine Mitschüler und Lehrer waren und vor allem, ob sie nett waren, wusste er eben noch nicht. Das würde er erst nach den Sommerferien erfahren, die gerade begonnen hatten.

Sich darüber noch mehr Gedanken zu machen verschob Fritz also an diesem wunderbar warmen Tag auf später. Nun dachte er wieder darüber nach, was er spielen könnte. Er hatte bei dem strahlenden Sonnenschein keine Lust, etwas am Computer zu spielen, aber ihm fiel auch nichts anderes ein, was er allein tun könnte. Seine Eltern waren mit dem Aufbauen von Schränken beschäftigt, aber seine Mama hatte ihm sein Fahrrad schon in den Garten gestellt. Also schwang er sich darauf und fuhr die Straße entlang aus dem Dorf heraus. Bald sah er einen kleinen Feldweg, in den er einbog. Er fuhr den Weg weiter entlang und schon sauste er durch den Wald. Das war ein ganz anderes Gefühl als auf den Fahrradwegen in der Stadt und auf dem Bolzplatz. Es roch ganz stark und frisch nach... Ja, nach was roch es? Nach Wald, nach Moos, nach vielen Pflanzen und es war kühler als im Dorf, was Fritz bei der Hitze sehr angenehm fand. Er hörte die Vögel zwitschern und sonst nichts, und das gefiel ihm.

Plötzlich spürte er, wie das Treten immer mühsamer wurde. Als er abstieg, um nachzuschauen, merkte er, dass sein hinterer Fahrradreifen einen Platten, also ein Loch hatte. Gerade, als er sich ärgerte, weil er nicht den ganzen langen Weg sein Fahrrad nach Hause schieben wollte, kam ein anderer Junge auf einem Fahrrad vorbeigeflitzt. „Sein Fahrrad ist noch heil", dachte Fritz neidisch. Da kehrte der Junge um und hielt bei ihm an. Er sagte zu Fritz: „ He du, wieso stehst´n hier so rum?" Der antwortete geknickt: „Ich glaub´ , ich hab´n Platten. Aber ich wohne am anderen Ende vom Dorf und nun muss ich so weit schieben." Der Junge antwortete: „Ich wohne nicht weit von hier weg, gleich am Dorfeingang hinter dem Feldweg. Wir haben Flickzeug zu Hause. Komm, wir schieben dein Rad schnell zu mir! Ich weiß, wie man den Reifen flickt. Ich heiße übrigens Hans!" Fritz war erleichtert, dass er nicht alleine war mit seinem kaputten Rad in dem noch fremden Wald. Er stellte sich ebenfalls vor und dann machten sie es genau so, wie Hans vorgeschlagen hatte.

Als sie diese Aufgabe gemeinsam erledigt hatten, kannten sie sich bereits ein bisschen und fühlten sich irgendwie schon als Freunde. Bei der

Gelegenheit lernte Hans´ Mutter gleich Fritz kennen und packte den beiden noch etwas zu trinken und zu essen ein. Fritz fand sie nett. Sie hieß Flora Waldmann. Ihr Mann Stefan war gerade in der Arbeit, erzählte sie, würde sich aber schon freuen, Hans´ neuen Freund auch einmal zu treffen. Fritz fand es lustig, dass seiner und der Nachname seines Freundes auf „- mann" endeten.

Die Kinder erzählten sich etwas über ihre Familien und was sie gerne spielten. Hans hatte eine kleine Schwester, Ida, sie war noch ein Baby. Fritz hatte keine Geschwister. Beide bauten gerne mit Bausteinen und spielten ab und zu gerne Computerspiele, Hans war es jedoch mehr gewohnt draußen im Wald zu spielen als Fritz, der ein guter Fußballspieler war. Da gestand Fritz seinem neuen Freund Hans, dass er es in seinem neuen Zuhause bisher ziemlich langweilig fand, weil er nicht wusste, wo er spielen sollte, denn einen Bolzplatz hatte er noch nicht gefunden und vor allem kannte er noch keine Kinder, mit denen er kicken konnte. Er kannte ja bisher nur das neue Haus und den Fahrradweg durch den Wald. Da hatte Hans eine Idee:" Fußball spiel´ ich nicht so gern. Aber ich kann dir was anderes Tolles zeigen! Komm, lass uns zum Baggersee fahren und baden gehen!" Fritz fand die Idee gut; er schwamm zwar nicht gerne lange, aber über eine Abkühlung und ein bisschen plantschen freute er sich im Sommer immer. Hans packte schnell seine Badehose ein. Dann holten die Kinder bei Fritz Zuhause ebenfalls noch dessen Badesachen. Auch Fritz´ Eltern steckten kurz den Kopf aus dem Schrank, in dem sie gerade standen, um die Tür daran zu befestigen, und begrüßten Hans freundlich.

Der Weg zum See auf zwei heilen Rädern verging wie im Flug und dort angekommen, stürzten sie sich gleich ins Wasser. Hans war ein gute Schwimmer und Taucher, was er Fritz gleich einige Male zeigte. Er tauchte ganz tief hinunter und kam dann prustend wieder hoch; jedes Mal blieb er ein bisschen länger unten. Das nervte Fritz ein bisschen, weil Hans wusste, dass er das nicht so gut konnte. Plötzlich verfing Hans sich aber in den Algen, weil er etwas zu unachtsam getaucht war. Er strampelte und bekam ein bisschen Panik, weil er sich selbst nicht mehr losreißen konnte. Nur der Kopf schaute noch aus dem Wasser. Da half Fritz ihm natürlich trotzdem - ohne schadenfroh zu sein, und Hans war nach geglückter Befreiungsaktion sehr dankbar und rechnete es seinem Freund hoch an, dass er nichts Blödes gesagt hatte. Er legte seine Hand auf Fritz´ Schulter und sagte leise: „Du hast mir das Leben gerettet, das vergesse ich dir nie." „Naja, so schlimm bist du auch wieder nicht fest gehangen. Vielleicht wärst du doch allein wieder freigekommen. Auf jeden Fall bin ich froh, dass du wieder oben bist!" Im selben Augenblick, als er das sagte, sah er ein Glitzern im Wasser, genau neben der Stelle, an der er seinen Freund von den Algen losgemacht hatte. „Hans, sieh doch mal!“, rief er aufgeregt. Sie sahen sich freudig überrascht an und tauchten dann, viel vorsichtiger, gemeinsam nach dem glitzernden Gegenstand. Als sie wieder an der Wasseroberfläche waren, hielten sie eine blitzende Schatulle in den Händen. Erst zogen sie vorsichtig an der Schnalle, die die Kassette verschloss, dann fester. Doch so sehr sie sich auch bemühten, der Kasten ging einfach nicht auf.

Da Fritz´ Eltern gerade Möbel aufbauten, wusste Fritz, dass Zuhause jede Menge Werkzeug herumlag. Sie zogen sich schnell an und fuhren wieder nach Hause, wozu es auch höchste Zeit wurde, denn es war schon fast dunkel geworden. Sie hatten gar nicht gemerkt, wie lange sie geplanscht hatten.

Obwohl sie riesigen Hunger hatten, baten sie erst Martin um das Werkzeug, denn sie waren furchtbar gespannt, was sich in der Schatulle befand. Sie nahmen das Werkzeug mit in Fritz´ Zimmer und hebelten damit an dem Kistchen herum. Nach ein paar Versuchen öffnete sich der Behälter mit einem lauten „Knack“. Fast gleichzeitig hoben sie den Deckel an und was sie sahen, ließ ihnen den Mund offen stehen: In dem Kästchen lagen Ringe, Ketten und kleine Figuren in verschiedensten Farben und Formen, und alles leuchtete! Sie liefen nach unten und zeigten den Schatz Martin und Susanne. Martin sagte, dass sie den Fund der Polizei melden müssten. Die Kinder fanden das sehr schade, sie wollten den Inhalt der Schatulle gern behalten, denn wann findet man schon mal einen echten Schatz?! Fritz´ Eltern konnten die Kinder dann aber doch überzeugen, dass man einen solchen Fund nicht einfach für sich behalten darf und meldeten ihn der Polizei. Martin rief dann gleich noch bei Hans Zuhause an, denn die Eltern machten sich vielleicht schon Sorgen, wo ihr Kind geblieben war. Er stellte sich ihnen vor und erzählte von dem unglaublichen Fund der Kinder. Da sich die Eltern noch nicht persönlich kennen gelernt hatten und ihre Kinder ja nun Freunde war, luden Martin und Susanne gleich Heinz und Maria, so hießen die Eltern von Hans, zu einem gemütlichen Sommernachts-Grillen ein.

Es wurde ein schöner Abend, bei dem die Eltern sich gut unterhielten und viel lachten – und Hans und Fritz hatten sowieso ihren Spaß.
Hans übernachtete bei Fritz und als sie hundemüde, aber glücklich einschliefen, wurde ihnen bewusst, dass sie heute gleich zwei Schätze gefunden hatten: Einen „Seeräuber"-Schatz und einen neuen guten Freund.
Und ihnen war klar, welcher der größere Schatz war…

Der Traum des Bauern

Ein paar Tage, nachdem Hans und Fritz sich kennengelernt hatten, trafen sie sich wieder, um gemeinsam etwas zu unternehmen. Am Tag nach ihrem ersten Treffen mussten sie sich erst einmal beide bei sich Zuhause ausruhen, denn bei der gemeinsamen Übernachtung hatten sie nicht viel geschlafen. Mit den ersten Sonnenstrahlen waren sie, obwohl sie sehr müde gewesen waren, wieder aufgewacht und hatten im Garten weiter gespielt.

An diesem Tag nun wollte ihnen zuerst so recht nichts einfallen. Sie freuten sich, dass sie sich wieder sahen! Gleichzeitig hatten sie sich ja erst kennengelernt und waren sich beim zweiten Wiedersehen ein bisschen fremd. Aber sie hatten ein riesiges Abenteuer miteinander erlebt. Das wiederum konnte man nicht so leicht toppen oder gar schon wieder etwas so besonders Schönes erleben. - Oder doch?

Nachdem sie erst ein bisschen bei Hans im Garten den Fußball hin- und her geschossen hatten, fuhren sie ein wenig mit ihren Rädern im Dorf herum - wo Fritz sich mittlerweile auch schon ganz gut auskannte -, weil Hans ja gar nicht so gern Fußball spielte. Dann fuhren sie zu einer kleinen Eisdiele ins Nachbardorf Strauchweiher, in der sie sich jeder zwei Kugeln leckeres Eis kauften. Zwar hatte nur Hans etwas Geld in seiner Hosentasche stecken, aber er teilte es gern mit seinem Freund. Beim Eis schlecken redeten sie darüber, dass sie bald wieder schwimmen gehen wollten. Noch einmal einen Schatz zu finden hielten sie für unwahrscheinlich. Sie freuten sich aber trotzdem aufs gemeinsame Plantschen im kühlen Nass. Heute erlaubten es ihre Eltern leider nicht, weil am Himmel dunkle Wolken hingen, die zwar bisher noch keinen Regen gebracht hatten, sich aber auch nicht verzogen. Daher konnte es noch ein Gewitter geben und es war ihren Eltern zu gefährlich, dass sie an diesem Tag badeten. Denn wenn sie noch im Wasser wären während es gewitterte, könnten sie zum „Blitzableiter" werden, was einen Menschen schwer verletzen kann, hatte Hans´ Mutter gesagt. Fritz´ Vater wollte es ihnen, als sie nach der Eisdiele kurz dort Halt machten, noch genauer erklären, aber die Jungs riefen „Später!" und sausten auf ihren Rädern davon.

Wieder im Dorf angekommen, radelten sie in der Dorfmitte immer wieder in Kreisen um den Brunnen herum. Sie beobachteten die Menschen, die an ihnen vorbei kamen, und grüßten sie freundlich. Der im Dorf wegen seiner guten Kartoffeln bekannte Huberbauer fuhr bereits mehrfach mit seinem alten Traktor an ihnen vorüber. Sie freuten sich jedes Mal, wenn sie ihn und sein altes Gefährt sahen. Besonders gefiel ihnen der nach oben gerichtete

Auspuff, der auf sie wie eine Art Schornstein wirkte und in unregelmäßigen Abständen graue Wölkchen in den Himmel schickte, die nach einer Weile verpufften.

Als sie den Huberbauern erneut entgegen kommen sahen, winkten sie ihm wieder zu. Diesmal hielt er an und fragte die Jungen, ob ihnen denn langweilig sei. Sie erzählten ihm, dass sie gerade in der Eisdiele waren und nun nicht mehr wüssten, was sie nun machen sollten. Da fragte er sie, ob sie sich ihr Taschengeld ein wenig aufbessern wollten. Er hätte in seiner Scheune unter dem Dach jede Menge altes Gerümpel, das er wegwerfen wollte. „ Einen Container habe ich schon besorgt, er steht seit Tagen hinter der Scheune, aber ich komme einfach nicht dazu, das alte Zeug von oben da hineinzuwerfen", erzählte er weiter. „Meint ihr, ihr schafft es, die Sachen nach unten in den Behälter zu schmeißen?". Hans und Fritz waren hellauf begeistert: So hätten sie was zu tun und könnten sich obendrein noch einen Kinobesuch in der Stadt finanzieren! Dort lief nämlich gerade ein Abenteuerfilm, den sie sich gerne anschauen wollten. Leider hatten beide nicht genug Geld, um die Busfahrkarte und den Kinobesuch zu bezahlen. Außerdem könnten sie in der Stadt in ein paar Geschäften nach Dingen stöbern, die sie sich wünschten: Fritz wollte gern ein neues Videospiel und Hans fehlten noch ein paar Playmobil-Figuren für seine Sammlung. Beide hatten aber erst Geburtstag gehabt, Hans im Mai und Fritz im Juni. Da hatten sie viele Geschenke bekommen, das Geld für weitere Wünsche sollten sie sich von ihrem Taschengeld selbst zusammen sparen, fanden ihre Eltern. Daher kam das Angebot des Bauern genau richtig.

So fuhren sie also beide dem Traktor hinterher zur alten Scheune des Bauern. Hans lächelte Fritz zu: „Beim Huberbauern ist wohl alles alt, er, der Traktor und auch die Scheune schauen schon etwas in die Jahre gekommen aus". Hans nickte. „Ja, meine Eltern sagen auch immer, es kommt ihnen so vor, als gäbe es diesen Mann schon ewig und als wäre er schon immer genauso gewesen wie jetzt."

Der Bauer führte die Jungs also in die Scheune und stieg die Leiter hinauf, die in den obersten Abschnitt der Scheune führte. Er ermahnte die Kinder hier oben sehr vorsichtig zu sein: „Passt ja auf, dass ihr hier nicht herunter fallt! Wenn ihr aber beim Heraufsteigen keine Faxen macht und vorsichtig geht, kann euch im Grunde nichts passieren". Er zeigte auf jede Menge alte Besen, Rechen, Stühle, altes Werkzeug und viel anderen Krempel, der dort herum lag: „Das alles muss in den Container! Dort unter der Öffnung steht er, seht ihr ihn?" Er zeigte auf ein geöffnetes Tor. „Passt aber auch hier gut auf", lächelte er. „Nur das

Gerümpel soll im Container landen".

Hans und Fritz machten sich sofort an die Arbeit. Zuerst nahmen sie jeder nur die leichten Dinge, die einfach zu tragen waren. Danach kamen die Werkzeuge, ein paar einzelne Stuhlbeine und alte Lampen an die Reihe.
Nach ungefähr einer Stunde machten sie eine Pause. Dazu setzten sie sich an einen alten Tisch und auf zwei ebenso alte Stühle; die knarrten wie die Tür in einem Gespensterhaus, als sie sich darauf setzten. Fritz lachte: „Pass bloß auf, wenn die Holzwürmer bereits ganze Arbeit geleistet haben, werden wir gleich auf dem Boden sitzen". Sie sahen sich ein wenig um und nickten zufrieden. „Da haben wir ja schon ganz schön was geschafft, bin gespannt wie viel Geld wir für die Arbeit bekommen", sinnierte Hans.

Fritz hatte gerade seinen Kopf unter den Tisch gesteckt, um ihn von unten zu betrachten. Da sah er unter der zweiten Platte, mit der man wohl den Tisch verlängern konnte, ein kleines Büchlein stecken. Er krabbelte unter den Tisch und zog das Buch heraus. Es war ein sehr verstaubtes, altes Buch aus braunem Leder. Das Besondere daran war, dass die Buchdeckel durch eine Art Schlaufe verbunden waren. Diese war mit einem kleinen Schloss gesichert. „Was das wohl ist?", fragte Hans Fritz und auch sich selbst. „Vielleicht ja irgendwas

Wertvolles?!", sagte Fritz verträumt. „Stell dir vor da sind Schatzkarten drin, damit könnten wir reich werden...!" Leider gehört die Scheune dem Bauern", sagte Hans „, das Büchlein ebenso. Dann hätten wir schon wieder einen Schatz gefunden, den wir abgeben müssten." „Hast Recht...", seufzte Fritz. „Legen wir es zur Seite und geben es nachher dem Huberbauern, der wird schon
wissen, wo der Schlüssel dazu ist". Nachdem sie noch ein bisschen Pause gemacht und über das Finden von Schätzen nachgedacht hatten, arbeiteten sie weiter. Als sie eine ganze Weile fleißig gearbeitet hatten, war der Boden plötzlich so gut wie leer. „Wenn man so vor sich hinräumt, merkt man gar nicht, wie die Zeit vergeht. Meine Mama sagt immer, wenn ich mein Kinderzimmer mal in Ruhe aufräume, kann ich meinen Kopf entspannen. Ich glaube, ich weiß jetzt ein bisschen, was sie meint", teilte Fritz seinem Freund seine Gedanken mit. „Hm...", machte Hans. „Na jedenfalls ist DAS hier keine Arbeit mehr für uns Kinder!" und zeigte auf die alte Werkbank und zwei Schränke, die noch übrig geblieben waren. Da lachten beide und beschlossen, dem Bauern auch noch ein wenig Arbeit zu lassen.

Nachdem sie die alte Leiter wieder hinab gestiegen waren, suchten sie ihn auf dem Hof. Sie fanden ihn beim alten Brunnen, wo er gerade den Hebel der Pumpe ölte. „Bis auf ein paar zu schwere Sachen sind wir in der Scheune jetzt fertig!", sagten beide wie aus einem Mund. Dann zog Hans aus seiner Hose das alte Büchlein hervor und gab es dem Bauern: „Das haben wir unter dem alten Tisch zwischen den Platten gefunden. Wir dachten, es sei zum Wegwerfen zu schade." Auf einmal wurde der Blick des Bauern ganz seltsam. Seine Augen wurden leicht wässrig, etwas heller und zusammen mit seinem veränderten Gesichtsausdruck ließen sie sein Gesicht geisterhaft, so als sei er weit weg, und irgendwie jünger wirken. Da lehnte er sich auch noch gegen den Brunnen und atmete ein paar Mal tief durch, sagte dann langsam und leise: „Das ist mein altes Tagebuch. Als ich in etwa in eurem Alter war, saß ich oft oben in der Scheune und habe darin aufgeschrieben, wie ich mich so gefühlt habe und was ich erlebt habe. Ich kann mich noch gut daran erinnern. Seltsam, dass ich all die Jahre nie daran gedacht habe. Ich habe es immer sorgfältig vor meinen Eltern versteckt. Sie meinten damals, ich sei ein richtiger Träumer und sollte mich mehr der Arbeit auf dem Hof widmen." Er schnaufte nochmals tief durch und beugte sich dann etwas nach unten zu den Kindern: „Bitte geht jetzt. Ich muss alleine sein. Euren Lohn bringe ich euch später nach Hause. Ich weiß ja, wo ihr wohnt." Etwas verdattert fuhren die beiden nach Hause, diesmal jeder zu sich.

Es vergingen einige Tage und Hans und Fritz fingen langsam an sich zu ärgern, dass der Bauer ihnen die versprochene Belohnung noch immer nicht vorbei gebracht hatte. Sie hatten sich vorgenommen, ihn, sobald sie ihn wieder sahen, darauf anzusprechen. Aber der Huberbauer, den man sonst mehrmals am Tag mit seinem alten Traktor durchs Dorf fahren sah, blieb wie vom Erdboden verschluckt. „Wenn wir ihn heute nicht sehen, gehen wir morgen zu ihm!", beschlossen beide, als sie mit ihren Rädern für Hans` Mutter zum Supermarkt ins Nachbardorf fuhren, um dort etwas einzukaufen. Die Eltern der Kinder hatten sich für den Abend zum Grillen verabredet, und es fehlten noch ein paar Kleinigkeiten. Hans und Fritz waren voller Vorfreude, denn die Eltern hatten ihnen versprochen, ein kleines Lagerfeuer zu entzünden, sobald es dunkel wurde. Darin wollten sie dann gemeinsam Steckkartoffeln und Brot rösten.

Als es Abend wurde und die beiden Väter sich lachend mit dem Grill beschäftigten, halfen Hans und Fritz ihren Müttern, verschiedene Dinge, die sie zum Essen brauchten, wie Teller, Besteck, Salate und Soßen, nach draußen zu tragen. Auf einmal stieß Hans Fritz mit dem Ellenbogen an und sah in Richtung Gartentor. „Schau, der Huberbauer kommt!"

Der Bauer ging auf die Männer am Grill zu, reichte ihnen die Hand und wechselte ein paar Worte mit ihnen. Daraufhin gingen alle drei auf Hans und Fritz zu. Die beiden wussten in dem Moment nicht so recht, was sie denken sollten. Es lag auf einmal eine etwas seltsame Stimmung in der Luft, die sie nicht deuten konnten. Schon kamen die beiden Frauen aus dem Haus und lachten dem Bauern zu: „Hallo Huberbauer!", sagte Hans` Mutter. „Schön dass Sie uns einmal besuchen kommen, nehmen sie nur gleich Platz! Sie sind herzlich eingeladen, mit uns den Abend zu verbringen."

Der Bauer begrüßte auch die beiden Damen mit einem Handschlag und wandte sich dann Hans und Fritz zu: „Kinder, seid mir bitte nicht böse, dass ich euch die versprochene Belohnung so lange nicht vorbei gebracht habe. Ich habe in den letzten Tagen Zeit zum Nachdenken gebraucht, über mich und mein Leben. Das hat einiges an Kraft gekostet, doch jetzt sehe ich klar und möchte euch hiermit von Herzen danken." Die Eltern wechselten ein paar fragende Blicke und setzten sich wortlos an den Tisch. Jetzt wandte der Bauer sich den Eltern zu und erklärte: „Die Jungs haben mir am Montag geholfen, die Scheune zu entrümpeln. Dafür habe ich ihnen versprochen, ihr Taschengeld aufzubessern. Sie haben dabei mein altes Tagebuch gefunden und es mir gebracht. Dafür bin ich ihnen unendlich dankbar. Wären sie nicht so achtsam gewesen, hätte es leicht für immer verloren gewesen sein können." Er schnaufte wieder tief durch, sah dann ein wenig ins Leere und

sprach weiter: „Als ich ungefähr in dem Alter der beiden war, habe ich viel geträumt. Oft hatte ich deswegen etwas Streit mit meinen Eltern, die der Meinung waren, ich solle mich mehr den praktischen Dingen des Lebens widmen." „Das kenne ich!", unterbrach ihn Susanne lächelnd, „Ich war auch eine Träumerin. Ich wollte gerne eine große Farm mit vielen Tieren haben und habe das immer mit meinen Kuscheltieren nachgespielt anstatt meiner Mutter zu helfen." „Ich wollte gerne Tänzerin werden und stand nur vor meinem Spiegel und habe geübt...", warf nun auch die andere Mama mit glänzenden Augen ein.
Der Bauer sprach weiter: „Dann verstehen Sie mich. Ich träumte damals von der großen, weiten Welt und bin in Gedanken "- er lachte -„ mit dem Finger auf dem Atlas in Amerika gewesen. Mein Lieblingsstaat dort war Idaho. Ich hatte nämlich in einem Buch gelesen, dass dies der „Staat der Kartoffeln" sei, und da ich meinen Eltern oft bei der Kartoffelernte helfen musste, träumte ich immer davon, einmal dorthin zu reisen. Ich stellte mir vor, dass es dort nicht so mühsam war, sie zu ernten, weil man für die Ernte von vielen Kartoffeln sicher bessere Maschinen hätte. So habe ich mir das zumindest damals vorgestellt. In meiner Vorstellung roch dort alles gut, man konnte weit sehen und die Menschen waren anders als hier... es war einfach das schönste Land, das ich mir vorstellen konnte. Die Jahre vergingen, und ich vergaß meinen Traum. Als die

Kinder mir nun mein altes Tagebuch brachten, war meine Erinnerung an die damalige Zeit wieder da, als wäre keine Zeit vergangen. Ich habe in den letzten Tagen viel über meine Kindheit und mein Leben bis heute nachgedacht. - Kinder!", er warf ihnen einen klaren Blick zu. „Ich bin euch so dankbar! - Nächsten Monat breche ich zu einer vierwöchigen Reise durch Amerika auf. Ich starte in Idaho und werde mir wohl auch Montana etwas näher anschauen. Vielleicht wird es nicht so wie in meiner Vorstellung, aber es wird ein Abenteuer und ich kann endlich mal etwas Neues kennenlernen. Ich bin gespannt, ob es dort wirklich nach Kartoffeln riecht. Auf jeden Fall wird der Wind frisch sein, der mir um die Nase weht", rief er übermütig. „Ihr glaubt gar nicht, wie glücklich ich bin! So, und jetzt genug geredet", er griff in die Innentasche seiner Jacke und zog zwei Umschläge heraus. „Hier habt ihr euren versprochenen Lohn", sagte er und gab sowohl Hans als auch Fritz je eines davon.

Die Kinder öffneten es gleichzeitig und Hans schrie laut auf: „Wow, so viel Geld habe ich ja noch nie gesehen!". Die beiden Väter sahen rasch in das Couvert und sagten wie aus einem Munde. „Das können wir niemals annehmen!"
Der Bauer lachte und sagte: „Bitte nehmen Sie es mir nicht übel, aber es ist ja auch nicht für Sie!"
Nun wandte er sich an die beiden Mamas: „In jedem der Umschläge sind 2000 Euro. Dafür, dass die

Kinder mir meinen Kindheitstraum zurückgebracht haben, ist das bestimmt nicht zu viel."
Wieder atmete er tief durch: „Wissen Sie, ich bin mittlerweile ein alter Mann. Wer weiß, wie lange ich noch zu leben habe. Ich bin zwar nicht reich, aber auch nicht ganz unvermögend. Die Reise und den Lohn für die Kinder kann ich mir ruhigen Gewissens leisten. Und nun bitte ich Sie, nicht mehr davon zu sprechen. Gerne nehme ich Ihre Einladung an und verbringe den Abend mit euch".

Und so grillten die fünf den ganzen Abend, aßen, tranken und lachten viel zusammen. Als es dunkel wurde, entzündeten Hans und Fritz unter Aufsicht des Bauern das Lagerfeuer. Als sie zusammen die ersten Steckkartoffeln in das Feuer hielten, freuten sich alle mit dem Bauern, dass er schon bald im „Land der Kartoffeln und der Freiheit" sein würde.

Hans und Fritz zelteten an diesem Abend im Garten, und als sie gerade beim Einschlafen waren, hingen sie beide in Gedanken über die Macht der Träume nach, in denen sie sogleich versanken, um eine wunderbar erholsame Nacht mit viel frischer Luft in der Nase zu erleben.
Auch ihre Mütter dachten übrigens wieder über ihre Träume nach und sprachen abends noch mit ihren Männern darüber, wie man einen Teil davon vielleicht verwirklichen konnte.

Der Tag am See

An einem heißen Tag, bald nach ihrem schönen Grillabend, an dem der Bauer ihnen seine Geschichte erzählt hatte, verabredeten sich Hans und Fritz, um mit ihren Rädern an einen etwas entfernten See zu fahren. Sie waren schon ein paar Mal mit ihren Eltern am „Fliegersee" gewesen. Die mussten aber leider an diesem Tag arbeiten. So trafen sich die Jungen schon früh am Morgen, denn sie hatten sich überlegt, dass die Fahrt dorthin ungefähr zwei Stunden dauern würde. Ihre Eltern hatten sie eindrücklich ermahnt, am See gut aufzupassen. Es gab an dem See zwar Aufsichtspersonen: Eine schon etwas ältere Frau und zwei Männer, die ungefähr so alt wie ihre Väter waren. Sie liefen an den Stellen des Ufers, wo oft Kinder zum Schwimmen in den See hineingingen, ihre Runden. Der See war jedoch groß und es war schon ein paar Mal in der Zeitung gestanden, dass die wenigen Leute, die zur Aufsicht eingeteilt waren, den großen See im Grunde nicht komplett beaufsichtigen konnten. Außerdem machten sich ihre Eltern Sorgen wegen der langen, anstrengenden Strecke, die sie mit ihren Rädern vor sich haben würden und ob die Kraft nach dem Schwimmen dann noch reichen würde. Die Kinder versicherten ihnen, dass sie sich genug ausruhen würden. (Ob sie wirklich daran denken würden, wenn es soweit war, wussten sie noch nicht genau.)

Die Fahrt machte ihnen viel Spaß. Sie unterhielten sich über die Schule, die bald wieder anfangen würde, und lachten viel. Auch waren sie froh darüber, nicht die lange Wegstrecke nehmen zu müssen, die sie sonst mit dem Auto gefahren wären. Der Radweg führte sie über kleinere landwirtschaftliche Straßen, Waldwege und vorbei an in sattem Grün und Gelb leuchtenden Feldern. Sie sahen einige Tiere: Ein Hasenpärchen, eine Fuchsmutter mit ihrem Kleinen, ein Reh an einer Lichtung und viele unterschiedliche Vögel.

Am See angekommen, suchten sie sich einen guten Platz. Einen solchen machte für Hans und Fritz aus, dass er nahe an einem Baum lag, so dass man sich in die Sonne legen konnte, wenn man aus dem Wasser kam, und in den Schatten, wenn man schon trocken war und es zu heiß in der Sonne wurde. Außerdem war er nicht weit vom Wasser entfernt. So einen fanden sie heute, das freute sie. Der See war ziemlich groß. Auf einer Seite des Sees stand in der Mitte ein Kiosk, wo es Getränke und Snacks wie Wurst- und Käsebrote und Pommes gab, aber vor allem - das ist bei heißem Wetter ja das Wichtigste: Eis.
Eine der Aufsichtspersonen, die ältere Frau, war in der Nähe vom Kiosk zu finden, die beiden Männer liefen an den anderen Teilen des Ufers entlang. Dort gab es auch ein Toilettenhäuschen. Ziemlich weit im südlichen Bereich des Sees, wo dieser noch

etwas breiter war als an den anderen Ufern, war mittig eine kleine künstliche Insel angebracht. Gute Schwimmer konnten dorthin schwimmen, sich darauf legen, sonnen oder einfach nur Spaß beim herunter Springen haben. Es war sogar ein kleines Sprungbrett angebracht, damit sich die Kinder - und manche Erwachsene - dort richtig austoben konnten.

Hans und Fritz breiteten also ihre große Decke aus, stellten die Fahrräder in den Schatten eines großen Haselnussstrauches und kühlten sich nach der langen Fahrt gleich im Wasser ab. Sie tobten viel herum, tauchten und schwammen dann gleich zur Insel. Hans wollte Fritz unbedingt vorführen, wie ein Salto vom Sprungbrett ging. Dies hatte ihm sein Vater beim letzten Besuch gezeigt. Leider missglückte der erste Versuch. Erst wollte Fritz etwas sagen wie: „Na, nach deinen Erzählungen vorhin habe ich mir das aber besser vorgestellt!" Aber er wusste, dass es seinen Freund kränken würde, also schluckte er den Kommentar herunter. Ach, was hatte Hans geprahlt...
Der zweite Sprung war jedoch schon geglückter und im Laufe des Tages wurden sie immer besser. Nach einer gewissen Zeit traute sich auch Fritz endlich den Salto zu versuchen. Und siehe da: Schon der erste Versuch gelang ihm bestens. Zwei jüngere Erwachsene, die auf der Plattform saßen, klatschten sogar Beifall und Fritz war sehr stolz auf sich.

Der Tag verging, die Kinder kauften sich sogar drei Mal ein Eis, weil kein Erwachsener da war, der zu ihnen hätte sagen können, dass sie jetzt aber genug Eis hatten. Das war ein schönes Gefühl. Nach dem dritten fanden sie selbst, dass es reichte. Danach aßen und teilten sie die von ihren Mamas mitgebrachte Brotzeit und gingen natürlich auch das ein- oder andere mal zur Toilette. Hierbei beklagten sie sich jedes Mal, dass es am ganzen See nur zwei davon gab, und da sie am unteren Ende des Sees ihren Platz aufgeschlagen hatten, war hier jedes Mal knapp 5 Minuten zu gehen. Daran hatten sie vorher nicht gedacht. Einmal schwammen sie sogar dorthin, stellten jedoch fest, dass es zu Fuß dorthin dann doch bequemer war.

Der See war gut besucht und um sie herum jede Menge Menschen. So wurde es langsam Abend und der See immer leerer. Außer einer Frau mit ihrem kleinen Kind war um sie herum nicht mehr allzu viel los. Hans und Fritz beschlossen, noch ein letztes Mal ins Wasser zu gehen und sich danach auf den Heimweg zu machen.

Im Wasser tobten sie ziemlich herum, spritzten sich gegenseitig voll, tauchten viel und waren recht ausgelassen. Als sie ihren Blick zum Uferrand lenkten, sahen sie, wie irgendetwas wie wild um sich spritze. Sie vernahmen einen Schrei und es war ihnen sofort klar, dass es sich hierbei um das kleine

Kind handeln musste. Ohne sich zu verständigen, schwammen beide gleichzeitig los, wie um ihr Leben. Hans, der der schnellere Schwimmer war, erreichte das Kind, als gerade noch eine Hand aus dem Wasser schaute. Er zog es nach oben und schon war Fritz neben ihm. Er bekam ein bisschen Panik und fragte das Kind mit leicht zitternder Stimme: „Ist alles ok? Kriegst du Luft?" Das Kind hatte Angst, das sah man in seinen Augen. Es sagte aber nichts. Da nahm Fritz einfach das Kind mit einer Hand unter der Achsel und schwamm auf seinem Rücken Richtung Uferrand. Hans, der vom Spurt sehr außer Atem war, war froh darum, dass Fritz dies machte, denn er hätte sich in diesem Moment nicht dazu in der Lage gefühlt.

Als sie am Ufer waren kam eilig die Mama des Kindes angelaufen. „Eva, ja um Himmels Willen..." rief sie schon von weitem. Das Kind (Hans und Fritz schätzen es auf etwa 6 Jahre) hustete, hatte sich dann jedoch sehr schnell wieder gefangen und schaute etwas verdutzt in die Runde. Ihre Mama nahm Eva in den Arm und fing an zu schluchzen: „Mein Gott, was ist denn passiert? Ich war doch nur kurz auf der Toilette und du hattest doch die Schwimmflügel an...".

Wortlos deuteten Hans und Fritz auf den See hinaus. Dort schwammen die Schwimmflügel... Eva erzählte: „Ich wollte nur kurz ins Wasser gehen und einen kleinen Stock herausholen, der da herumtrieb, auf einmal war zuerst der eine Flügel weg, danach der andere. Ich weiß nicht was los war. Auf einmal bin ich untergegangen..."

Die besorgte Mutter rief gleich mit ihrem Handy den Krankenwagen, der etwa zwanzig Minuten später ankam. Zwischenzeitlich war es recht ruhig. Die Mama hatte ihr Kind im Arm und Hans und Fritz packten schon einmal ihre Sachen ein. Der Notarzt untersuchte die kleine Eva und stellte dann fest: „Da seid ihr beide ja noch einmal mit dem Schrecken davon gekommen". Zur Mutter gerichtet sagte er: „Wie können sie das kleine Kind aber auch unbeaufsichtigt lassen. Sie wissen doch, dass es hier um die Aufsicht nicht zum Besten bestellt ist". Frau Hagebau, so war ihr Name, wie sich herausstellte, schluchzte: „Ich war doch nur kurz auf Toilette. Sie hatte die Schwimmflügel an und hatte mir fest versprochen, gut aufzupassen."

Hans und Fritz brachten die Schwimmflügel und einen kleinen Stock herbei. „Die haben wir vorhin noch aus dem Wasser geholt.", sagte Fritz „Hier ist der Stock, es ist ein Dornenstock. Wahrscheinlich hat der Löcher in die Schwimmflügel gepiekt und dann ging die Luft so langsam raus".

„Danken sie Gott, dass es so gut ausgegangen ist", sagte der Notarzt und notierte sich auch Namen und Adresse von Hans und Fritz.

Zeitgleich verließen Frau Hagebau, Eva, die Sanitäter, sowie Hans und Fritz den See. Hans und Fritz hatten ja noch eine schöne Wegstrecke vor sich. Während der Fahrt fragte Hans unvermittelt: „Aber was hätten wir getan, wenn wir es nicht geschafft hätten, Eva an Land zu ziehen?" Fritz überlegte ein Weile und antwortete dann: „Mein Mutter hat mal gesagt, dass man immer Erwachsene, die in der Nähe sind, um Hilfe bitten soll, wenn jemand in Gefahr ist und man ihm selbst nicht helfen kann. In diesem Fall hätten wir wohl sehr laut schreien müssen..." „Na hoffentlich hätte das jemand gehört... Aber versuchen muss man es, wenn man sich nicht zu helfen weiß... Zum Glück haben wir es geschafft!", ergänzte Hans.

Und als sie zu Hause angekommen waren, erzählten sie ihren Eltern noch knapp von den Geschehnissen. Danach gingen beide gleich ins Bett, sie waren doch recht erschöpft von diesem langen Tag.

Am nächsten Morgen, es war ein Samstag, saß die Familie von Fritz gemeinsam beim Frühstück. Vater Martin blätterte noch etwas müde in der Tageszeitung herum und las auf einmal laut vor. „Aufmerksame Jungschwimmer retteten Kleinkind das Leben". Es war ein kleinerer Artikel, in dem vom Krankenhaus gemeldet wurde, dass ein Kleinkind im großen „Fliegersee" des Landkreises beinahe durch ein Unglück ums Leben gekommen sei. Dieses konnte nur durch das aufmerksame und beherzte Eingreifen zweier Schulkinder verhindert werden. Es war von der kurzzeitigen Abwesenheit der Mutter, der Neugierde des Kindes und von zwei leistungsstarken Jungschwimmern zu lesen.

Fritz grinste wie ein Honigkuchenpferd. Er platzte fast vor Stolz und rannte sofort zum Telefon. „Hans, hast du schon die Zeitung gelesen? Schlag sofort auf, Papa! Welche Seite?.... Lies erstmal, ich komm nachher zu dir", sagte er und erzählte seinen Eltern dann noch einmal ganz genau, wie der Tag sich gestern zugetragen hatte.

Am Nachmittag dachten Hans und Fritz über die Geschichte schon gar nicht mehr nach. Sie waren damit beschäftigt, bei einem benachbarten Bekannten Pflaumen von einem Baum zu pflücken. Für Sonntag hatten sie sich beide je einen Pflaumenkuchen gewünscht und Hans Mutter hatte sich bereit erklärt mit den Jungen zwei davon zu backen.

Als sie am späten Nachmittag bei Fritz ankamen, rannte ihnen Fritz´ Vater von der Garage her entgegen. „Ihr Tausendsassa", schrie er „, jetzt kommt ihr auch noch ins Fernsehen. Wisst ihr, wer vorhin angerufen hat? Ein Redakteur vom

Regionalsender! Er hat die Pressemitteilung gelesen und möchte gerne morgen Mittag vorbei kommen, um euch zu interviewen und die Unglücksstelle zusammen mit allen Beteiligten besuchen, um einen Fernseh-Beitrag darüber zu drehen. Es wird dann abends in einem halbstündigen Journal ausgestrahlt. Ihr bekommt für euren Auftritt - und als Belohnung - sogar einen recht ansehnlichen Betrag".

Die Kinder sahen sich wortlos an. „Dann kann der Reporter gleich was von unserem Zwetschgenkuchen probieren", grinsten sie.

Am nächsten Tag war es dann soweit. Obwohl Hans und Fritz vor Aufregung kaum schlafen hatten können, war die Fernsehaufnahme für sie doch recht unspektakulär. Sie beantworteten dem Redakteur seine Fragen und fuhren dann mit einem Kleinbus zum „Fliegersee", wo sie Eva, ihre Mutter und den Notarzt trafen. Auch hier stellte der Reporter seine Fragen und zwei Kameraleute filmten alles soweit. Frau Hagebau bedankte sich noch einmal wortreich bei den beiden Jungen (obwohl sie das ja schon am vergangen Nachmittag, und abends noch einmal per Telefon getan hatte).
Eva war der Meinung, dass „alles halb so schlimm" gewesen wäre und der Notarzt betonte noch einmal die vorbildliche Aufmerksamkeit und das hilfsbereite Verhalten, sowie die außergewöhnliche sportliche Leistung der beiden Jungen. Zudem gab

er zu bedenken, es wäre wirklich Zeit, an einem solch großen und beliebten Badesee doch endlich eine dauerhafte, flächendeckende Aufsicht zu organisieren, so dass ein solcher Vorfall künftig ausgeschlossen werden kann.

Am Abend saßen dann beide Familien bei Fritz zu Hause im Wohnzimmer und sahen sich den Bericht im Fernsehen an. Alle strahlten und lobten Hans und Fritz für ihre Aufmerksamkeit und Leistung. Ach übrigens: „Wisst ihr, was ihr vom Sender als Belohnung und Gage für euren Fernsehauftritt bekommt?" Martin beugte sich zu ihnen und flüsterte den Betrag in ihre Ohren. „Was? So viel?" jubelte Fritz auf. „Wenn das so weitergeht, werden wir noch reich!"

Und so begaben sie sich in den Garten, wo schon alles für ein gemütliches Grillen vorbereitet war. Sie unterhielten sich noch viel über die Reportage und alle waren glücklich.

Als Hans und Fritz am Abend in ihren Betten lagen, dachten sie noch einmal an die vergangenen Ereignisse der letzten Tage. Stolz und zufrieden versanken sie in das Reich der Träume.

Magische Vögel und Freundinnen

Eines Tages lagen Hans und Fritz auf einer und Wiese und hörten einfach nur den Vögeln zu. Als sie so auf der Wiese lagen, bemerkten sie plötzlich einen Storch, der seine Kreise über ihnen zog. Nachdem sie ihn eine Weile dabei beobachtet hatten, wie er immer und immer wieder im Kreis und dann eine Schneise durch den Wald flog, nur um kurz darauf wieder zu ihnen zurückzukommen, sagte Hans: „ Das klingt vielleicht komisch, aber irgendwie habe ich das Gefühl, der Storch will uns etwas zeigen. Glaubst du auch, dass er uns umkreist? Es gibt doch um uns herum nichts Interessantes für Störche, oder?" Fritz, der gerade noch anderen Gedanken nachhing, nämlich, wie es dem Huberbauern wohl auf seiner Reise ging, murmelte etwas abgelenkt: „Ja, schon komisch..." „Na dann los, wir schauen mal, wo er hinfliegt, hinterher!", rief Hans aufgeregt. Jetzt erst merkte Fritz, was Hans meinte und sah wieder zu dem Storch auf. Auch er hatte Lust, dem Vogel zu folgen, daher rief er übermütig: „Nichts wie hinterher!"

So kam es, dass die beiden Jungen dem Storch hinterherliefen. Nun flog er etwas tiefer, fast so, als wollte er näher bei ihnen sein. Siehe da: Das Tier kehrte wieder zu ihnen um, als es schon ein Stück voraus geflogen war, als ob es auf sie warten wollte.

Die Jungs waren so ins Rennen und darin vertieft, den Vogel zu bestaunen, da sie noch nie so nahe und lange einen Storch betrachten konnten, dass sie erst gar nicht bemerkten, wie sich der Wald lichtete. Vor ihnen lag nun eine weite Lichtung, auf der sich ein Weiher befand. Darüber zogen viele kleine Vögel ihre Kreise. Fritz fand das etwas unheimlich, aber Hans beruhigte ihn: „Hier war ich mit meiner Oma früher öfter. Sie sagt, dass die Leute hier diese kleinen Vögelchen „Zaubervögel" nennen." „Warum denn?", fragte Fritz. „Können sie etwa zaubern? Das glaube ich nicht!" „Hm, ich eigentlich auch nicht; aber man weiß ja nie…", antwortete Hans etwas unsicher.

Als er noch überlegte, ob seine Oma ernsthaft dachte, dass hinter dem Namen der Vögel mehr steckte, bemerkte Fritz zwei Mädchen: Die eine kniete vor der anderen auf dem Boden und hielt ihren Fuß fest, zwei Fahrräder lagen daneben. Die Mädchen bemerkten sie ebenfalls und die eine rief ihnen zu: „ Könnt ihr uns bitte helfen?" Natürlich gingen die Jungs gleich zu ihnen, denn wenn einen jemand um Hilfe bittet, hört man sich zumindest an, was er möchte – außer die Person jagt einem Angst ein. Bei zwei nett aussehenden Mädchen boten sie natürlich gern ihre Hilfe an.

Als sie bei den Mädchen angekommen waren, sagte

die eine: „Meine Freundin ist vom Rad gefallen." „Ich glaube, mein Fuß ist verletzt", wimmerte die andere. Fritz wusste nicht sofort, was er sagen oder tun sollte; während er noch überlegte und dabei fand, dass die Mädchen sehr nett wirkten, bot Hans dem verletzten Mädchen schon Hilfe an: „Wie heißt du denn und wo wohnst du? Ich kann zu deinen Eltern fahren, wenn du willst!" Das Mädchen erwiderte etwas schüchtern: „Ich heiße Petra Mutig. Hoffentlich ist meine Mama Zuhause." Nach kurzem Zögern fügte sie hinzu: „Hast du ein Telefon dabei? Ich weiß unsere Nummer auswendig." Da konnte Fritz helfen: „Hier, nimm meins. Hans hat leider keins. Ich heiße übrigens Fritz." „Und wer bist du?", fragte er das andere Mädchen, das weiter den Knöchel seiner Freundin in ihren Händen abstützte, freundlich. „Ich bin die Susi!", grinste diese.

Trotz der unschönen Situation, in der sie sich kennen lernten, freuten sie sich darüber. Schnell stellte sich heraus, dass sie gar nicht weit voneinander entfernt wohnten, dass sie sich aber noch nie gesehen hatten, weil die Mädchen auf eine andere Schule gingen. Kinder, die in einem kleinen Dorf wohnen, werden ja oft in den größeren Ort zur Schule geschickt, der zum selben Landkreis wie ihr Dorf gehört, weil es in ihrem Dort keine Schule gibt. In ihrem Fall gehörte das Nachbardorf Höhlenstein zu einem anderen Landkreis als Wiesenheim. Der Umstand, dass sie auf unterschiedliche Schulen gingen, erklärte auch, dass sie sich bisher noch nicht begegnet waren.

Petra rief also von Fritz´ Handy aus ihre Mama an, die wenige Minuten später erschrocken herbeigeeilt kam. Nachdem sie sich Fuß und Knöchel ihrer Tochter angesehen hatte, sagte sie tröstend: „Wir fahren jetzt gemeinsam in die Notaufnahme und dann sieht sich ein Arzt das genauer an. Wahrscheinlich ist es halb so wild..." So halfen ihre Mutter und Susi Petra ins Auto, um in die Notaufnahme zu fahren. Vorher fuhr sie aber an ihrem Haus und Susis Zuhause vorbei. Denn Fritz und Hans waren so nett, die Fahrräder der Mädchen zu diesen nach Hause zu bringen, weil die ja nicht in den Kofferraum des Autos passten. Frau Mutig fuhr langsam, so dass die Jungen mit den Rädern nicht den Anschluss verloren. Als sie angekommen waren, verabschiedeten sie sich und versprachen den Mädchen, dass sie morgen Nachmittag noch einmal hier vorbeischauen würden.

Als die beiden Mädchen mit Frau Mutig in die Notaufnahme gefahren waren und Hans und Fritz sich auf den Nachhauseweg gemacht hatten, sah Hans Fritz schräg an und fragte: „Und, wie findest du die beiden?" Fritz überlegte: „Wir haben zwar noch nicht so viel mir ihnen geredet, aber ich glaube, sie sind echt okay. Wäre super, mal mit ihnen zu spielen!" Hans erwiderte: „Ich fand

Mädchen früher doof; in meiner Klasse gab es so eine Clique und die haben uns Jungs immer geärgert. Aber jetzt glaube ich, dass Mädchen auch nett sein können." Nach einer kurzen Gedankenpause fügte er hinzu: „Außerdem war da ja der Storch, der uns praktisch direkt zu ihnen geführt hat. Vielleicht **sollten** wir sie treffen...?!" „... und sie saßen direkt vor dem Weiher der „Zaubervögel"... ob das vielleicht doch etwas zu bedeuten hat??", rief Fritz aufgeregt.
Für heute beschlossen die Jungen, einfach noch ein bisschen Zuhause zu spielen.

Am nächsten Tag fuhren sie, wie versprochen, nachmittags nach Höhlenstein zum Haus von Petra. Petra war erstaunt, dass die Jungen tatsächlich wieder kamen, aber sie freute sich über den Besuch, das sah man ihr an. Ihr Fuß war glücklicherweise tatsächlich nur verstaucht. Sie musste nur einen leichten Verband tragen und beim Gehen ein bisschen vorsichtig sein. Petras Mutter erlaubte ihnen, Susi auch einzuladen, und bald saßen sie alle vier zusammen im Garten. Hans und Petra waren nun doch ein wenig schüchtern, weil er vorher meistens nur mit Jungen, sie nur mit Mädchen gespielt hatte. Fritz und Susi fingen an, sich über die Schule zu unterhalten, weil Fritz ja neu in der Gegend war: Die Mischung aus netten und Lehrern, über die sie sich ärgerte, war in etwa gleich. Auch, was die Mädchen gern unternahmen, war ihren Interessen ähnlich.

(Zumindest die Spiele draußen - Bänder zu knüpfen fanden die Jungen nicht besonders spannend, aber man muss ja auch nicht bei allem gleicher Meinung sein, um sich gut zu verstehen.).

Da die Kinder sich nun schon kennengelernt hatten, telefonierten auch die Eltern miteinander - Petras Mutter rief bei Fritz´ Vater an, sie unterhielten sich ein bisschen, und da ja immer noch Sommer war, beschlossen sie, sich bei einem gemeinsamen Grillabend besser kennen zu lernen. Fritz´ Papa sagte Hans´ Mutter Bescheid, dass die Kinder neue Freunde gefunden hatten und sie zum Grillen eingeladen waren. Diese gab die Nachricht an Susis Mutter weiter.

Und so saßen sie wenige Stunden später alle beisammen im Garten von Petra und feierten bei leckerem Fleisch, Salaten, gebratenem Gemüse und Stockbrot ihr Kennenlernen. Die Kinder erzählten ihren Eltern von dem Storch - denn auch Susi und Petra war er aufgefallen, genauso wie die schwarzen Zaubervögel. „Na das war ja wirklich eine magische Begegnung!", lachte Fritz´ Papa Martin.

Die Eltern verstanden sich gut - jedenfalls sahen die Kinder, wenn sie mal wieder am Gartentisch vorbeisausten, dass sich Susis Mutter Steffi, deren Vater Volker und Petras Mutter Inge gut mit Martin, Susanne und Stefan unterhielten und lachten.

Die Kinder spielten nach dem Essen Fangen. Hans traf Petra etwas zu fest am Arm, als er sie festhalten wollte, wofür er sich aber gleich entschuldigte. „Macht nichts - vielleicht passiert mir das auch mal“, sagte Petra. Als Susi von Fritz gejagt, an das Glas von Fritz´ Mutter stieß, so dass dieses umfiel und sich sein Inhalt über den Tisch ergoss, entschuldigte sich das Mädchen erschrocken, denn sie kannten sich ja noch nicht so gut. Fritz´ Mama lächelte jedoch gutmütig und mit einem freundschaftlichen Augenzwinkern meinte sie: „Macht doch nichts, da war mein Sohn wohl mal wieder zu wild. Super, dass er dich nicht erwischt hat...wir Susis müssen doch zusammenhalten...“. Susi lächelte verschmitzt zurück und schon ging die Jagd weiter - diesmal jagten die Mädchen die Jungen.

Wie du dir denken kannst, hatten die Kinder viel Spaß miteinander, denn zu mehreren machen einige Spiele doch einfach mehr Spaß... Vor allem, wenn sich alle nur im Spaß ärgern, miteinander spielen und sich auch mal entschuldigen, wenn sie einen anderen aus Versehen oder im Übermut wehgetan haben.

Wie viel Glück sie doch hatten, gleich noch einmal nette neue Freunde gefunden zu haben!

„Komisch“, dachte Hans beim Einschlafen noch „,

zuerst war ich alleine, dann habe ich erst Fritz kennengelernt, nun noch die Mädchen, mit denen wir uns beide so gut verstehen. Sie haben die ganze Zeit in der Nähe gewohnt, aber jetzt erst haben wir uns getroffen." Da fiel Hans noch etwas anderes ein, was seine Oma einmal gesagt hatte: „Warum in die Ferne schweifen, denn das Gute liegt so nah. Lerne nur das Glück ergreifen, denn das Glück ist immer da..."

Das Seil der Freundschaft

An einem schönen Sonntagnachmittag beschlossen Hans und Fritz einen Teil des nahegelegenen Waldes zu erkunden, der als etwas gefährlich galt. Es war dort etwas sumpfig und im Waldboden gab es so manches Loch, in das man hineinfallen konnte. Hans war schon ein paar Mal mit seinen Eltern dort gewesen, um Pilze zu suchen.
Auch sah man dort vermehrt Tiere und hörte Vögel, die sonst eher selten waren.

Hans drehte sich zu Fritz um: „Mein Papa hat gesagt, wir sollen ja aufpassen! Er meint, es gäbe Sumpflöcher dort im Wald!" Außerdem könnten wir uns bei den vielen Wurzeln und durch das herumliegende Geäst verletzen. Er wollte mich schon gar nicht alleine mit dir hierher kommen lassen. Er hat mir extra sein Handy mitgegeben...
„Uns wird schon nichts passieren", erwiderte Fritz unbekümmert.

Also nahmen sie ihre Fahrräder und fuhren los. Am Waldrand angekommen stellten sie ihre Fahrräder ab und gingen tiefer in den Wald hinein. Fritz war ganz begeistert von diesem gut erhaltenen Wald, weil so viele kleine Pflanzen auf dem Boden wuchsen und in den Wipfeln alles schön grün war, und hatte die Warnung bald schon wieder vergessen. Er war so vertieft in die Schönheit des Waldes, dass er nicht bemerkte, dass er sich immer näher auf ein Sumpfloch zu bewegte. Fritz hatte seinen Fuß schon gefährlich nahe an dem Loch. Hans bemerkte das jedoch, weil er wegen der Worte seines Vaters heute besser auf den Boden achtete, erschrak und konnte noch rufen: „Haaaaalt !!!" Fritz fuhr zusammen wegen des Schreis, den sein Freund ausgestoßen hatte, und setzte, so aufgerüttelt, seinen Fuß ganz knapp neben das Loch auf den Boden. „Gerade noch mal gut gegangen", atmete Fritz auf. Doch kaum 15 Meter weiter war schon das nächste Loch im Boden, mit dem Fritz ebenfalls nicht gerechnet hatte. - Hatte er gedacht, wenn da schon eins war, kann nicht noch eins kommen? Konnte er sich an diesem Tag nicht in Ruhe auf den Weg konzentrieren, oder hatte er es einfach wieder nicht gesehen? Diesmal jedenfalls konnte Hans nicht mehr schnell genug eine Warnung ausrufen, und schon lag Fritz mitten im Sumpfloch.

Hans (der seit gut einer Woche ständig ein Seil mit mehreren Karabinerhaken herumschleppte aber nicht darüber reden wollte) holte dieses nun ganz schnell aus seinem Rucksack hervor. „ Halte dich an dem Seil fest!", rief Hans. Fritz hatte aber gerade irgendetwas mit dem Fuß ertastet. „Stopp!", rief er. „ Ich bin da unten auf irgendetwas gestoßen. Es könnte eine Kiste oder so sein, ich knote das Tau zuerst daran fest. Vielleicht ist das ja schon wieder

ein Schatz!"
Trotz der brenzligen Situation konnte Hans es sich nicht verkneifen, Fritz zu verbessern, denn sein Bergsteigerseil war ihm heilig: Edi, sein Lieblingsonkel und begeisterter Bergsteiger, hatte es ihm beim letzten Besuch geschenkt und Hans versprochen, ihn irgendwann einmal mit auf Tour zu nehmen.
Also rief er aufgebracht: „Mann, das ist kein Tau, sondern ein Bergsteigerseil!"
Fritz war etwas verdattert, weil es ihm in diesem Moment wirklich egal war, was das für eine Art Seil war; er erinnerte sich dafür gerade daran, dass jemand gesagt hatte, man könnte für immer in einem Sumpf versinken und er wusste ja nicht, ob das ein richtig gefährlicher Sumpf war. Obendrein schwirrte noch der Gedanke an einen möglichen Schatz in seinem Kopf herum. Das verwirrte Fritz immer mehr und er begann etwas zu zittern, als er das Seil da unten festmachen wollte. Der Matsch stand jedoch schon sehr hoch im Loch und Fritz schaffte es einfach nicht, das, was da unten war, am Seil zu befestigen. Alle Versuche scheiterten! Hans schrie ihm zu: „Jetzt hör doch mal auf, da herumzufummeln! Binde endlich das Seil um deinen Bauch, damit ich dich herausziehen kann. Du sinkst doch sonst immer tiefer!"

Jetzt versuchte Fritz von selbst aus dem Loch heraus zu kommen. Doch alle Versuche waren vergebens. Er geriet ein wenig in Panik und je aufgeregter er wurde, umso weniger gelang es ihm nach oben zu kommen. Hans merkte, dass es nicht klappte, band sich das Seil fest um den Körper und forderte Fritz auf, es ebenso zu machen. Hans hatte darin schon etwas Übung, Fritz allerdings stellte sich etwas ungeschickt an. Aber mit Hans` Anleitung von oben ging es dann doch irgendwie. Mit viel Anstrengung schaffte Hans es schließlich, Fritz aus dem Sumpf zu ziehen. Mit klebrigem und schwerem Matsch übersät saß Fritz geschockt und erschöpft neben dem Loch.

Hans wollte seinen Freund erst anschnauzen, weil er sich geärgert hatte, dass Fritz trotz seiner Warnung nicht aufgepasst hatte und er ebenfalls erschrocken war und sich ziemlich anstrengen musste, um ihn da herauszubekommen. Als er aber sah, wie erschöpft und kläglich sein Freund da saß, war der Ärger schon wieder wie weggeblasen. Er knuffte ihm aufmunternd in die Seite und grinste schief: „Schacka-lacka-bumm – Mann, bist du geplumpst! Aber halb so wild, wenigstens konnte ich endlich mal mein Bergsteiger-Seil gebrauchen!" „Bist du denn noch nicht damit geklettert?", fragte Fritz matt und verwundert. „Nein, leider hatte mein Onkel noch keine Zeit, mich mitzunehmen. Er sagte außerdem, ich solle erstmal üben, mit dem Seil feste Knoten und Verbindungen zu knüpfen..." „Na, die kannst du ja jetzt!", sagte Fritz, der sich etwas von dem Schock erholt hatte, ebenfalls schelmisch lächelnd. Beide lachten lauthals los, waren furchtbar erleichtert und freuten sich einmal mehr, dass sie Freunde waren: Fritz war Hans dankbar, dass er ihn gerettet hatte und nichts in der Art sagte wie „Ich hab´ dir doch gesagt, du sollst aufpassen!". Auch Hans freute sich, dass Fritz ihm seinen patzigen Satz in der Aufregung nicht übel genommen hatte. Außerdem war er froh, dass er endlich von seinem Onkel und dem Seil, auf das er so stolz war und mit dem er bald möglichst mit Edi zum Klettern gehen wollte, erzählen konnte.

Nachdem sie sich beide ausgeruht und über das Seil, den Lieblingsonkel und die Bergsteigerei, von der allerdings beide nicht so recht eine Ahnung hatten, unterhalten hatten, gingen sie langsam und diesmal beide mit offenen Augen zum Waldrand zurück, wo ihre Räder an einen Baum gesperrt standen. Sie öffneten die Schlösser und schoben diese nach Hause. Denn das Radfahren in den vermatschten Hosen, in denen Fritz steckte, war nicht richtig möglich. Die Hosenbeine - und auch der Rest von Fritz` Sachen, waren nicht nur sehr schmutzig, sondern sogar ein wenig steif.

Als die Eltern ihren Fritz so sahen, wollten sie erst schimpfen, doch die Jungen erzählten ganz aufgeregt und abwechselnd die ganze Geschichte. Die Eltern schmunzelten, da schlug Fritz´ Vater vor: „Jungs, für richtiges Bergsteigen, ich meine an steilen Felswänden, seid ihr vielleicht noch etwas zu jung. Wie anstrengend und gefährlich das sein kann, habt ihr ja heute schon beim Sumpfloch erlebt. Wenn man an der Bergwand hängt, kann man nicht einfach sagen: „So, ich möchte jetzt lieber wieder nach Hause". Da gilt es ständig konzentriert zu sein und sich die Kraft gut einzuteilen. Aber wenn ihr Lust habt, fahren wir ganz bald zusammen in einen Hochseil-Kletter-Garten! Da kann man prima üben und sogar an Seilbahnen durch die Luft sausen!"

Begeistert von dem Vorschlag malten die Jungen sich gleich eine Skizze auf, wie ihre Traum-Kletter-Route aussehen sollte, nachdem sie sich im Internet die Bilder auf der Website des Kletterparks am nächstgelegenen Stadtrand angesehen hatten.

Abends in ihren Betten dachten beide darüber nach, was heute passiert war. Fritz sinnierte auch noch ein wenig über die Kiste, die er im Sumpf gemeint hatte zu finden, nach. Sein Vater meinte jedoch, es könne auch eine größere Wurzel oder sonst etwas anderes gewesen sein. In jedem Falle sollte er es lieber bleiben lassen, sich noch einmal dorthin auf den Weg zu machen. „Da würde ich eh nicht mehr hinfinden, der Wald dort ist schon ziemlich verwachsen", sagte Fritz, als Martin abends an seinem Bett saß und sie sich beide noch ein wenig unterhielten. In jedem Fall nahm sich Fritz fest vor, künftig besser auf Böden im Wald oder auf Wiesen zu achten.

Hans freute sich nun noch mehr über das Seil von seinem Onkel und dass Fritz´ Eltern tatsächlich mit ihnen schon bald in einen Kletterpark fahren wollten.

Und beide kamen zu dem Ergebnis, dass manchmal auch erschreckende oder unschöne Erlebnisse im Nachhinein etwas Gutes haben können – vorausgesetzt natürlich, sie gehen gut aus. Denn wäre Fritz nicht in das Loch gefallen, hätten sie heute nicht wieder erfahren dürfen, was für gute Freunde sie sich gegenseitig waren, und Hans hätte Fritz vielleicht erst sehr viel später von seinem Wunsch zu klettern erzählt. Aber so lag das Kletter-Abenteuer in naher Zukunft und beide freuten sich schon darauf, als sie mit einem Lächeln ins Reich der Träume versanken.

Der Geheimgang

An einem regnerischen Montagnachmittag langweilten sich Hans und Fritz zu Tode, denn sie hatten schon jedes Brett- und Kartenspiel gespielt, das sie hatten, für Versteckspiele war nicht genug Platz im Haus von Hans. An Fangen Spielen war daher erst recht nicht zu denken.

Da dachte Fritz daran, dass sie Petra und Susi schon länger nicht mehr gesehen hatten und schlug Hans vor: "Lass uns doch die beiden Mädels mal wieder treffen! Meinst du, deine Mutter erlaubt, dass sie auch herkommen?"
Hans fragte sie und dann riefen sie zuerst bei Petra Zuhause an, weil sie weiter oben in der Telefonliste eingespeichert war. Petras Mutter ging ans Telefon und sagte: „Das ist schön, dass ihr euch meldet! Leider habt ihr die beiden knapp verpasst. Petra ist mit zu Susi gegangen, den beiden wurde es hier zu langweilig. Ruft doch mal dort an! Die beiden freuen sich sicher." Das taten sie dann und eine Viertelstunde später saßen alle vier gemeinsam im Kinderzimmer von Hans.
Doch bei dem schlechten Wetter wussten sie auch zu viert nicht, was sie anstellen sollten. Das Wetter drückt ja manchmal auf die Stimmung...

Da hatte Hans endlich eine Idee: „ Wir könnten doch Geheimagenten werden. Wir entdecken

Geheimgänge, lösen Verbrechen und so!" „Das ist eine prima Idee!", stimmten die anderen ihm zu. Als Erstes fanden sie Papas Brille, dann Mamas Einmachgläser. Fritz überlegte: „Braucht deine Mutter die noch für Marmelade oder können wir da besondere Steine drin sammeln?"

„Ich glaube, ein paar davon können wir schon nehmen. Der Sommer ist ja vorbei, jetzt gibt es kein Obst mehr zum Einkochen."

Gesagt - getan: Sie überwanden sich - zusammen geht das leichter -, zogen sich ihre Regensachen an und rannten hinaus in den Garten, um aus ihrem „Steine-Lager" die schönsten Exemplare herauszusuchen. Sie waren ganz zufrieden mit dem Ergebnis. Allerdings wollten Susi und Petra auch welche mit nach Hause nehmen und so wäre es fast zum Streit gekommen, weil die Jungen keine Steine abtreten wollten. Petra, die gut war im Streit Schlichten, schlug vor:" Lasst uns doch im Haus noch nach anderen Schätzen suchen! Die füllen wir dann in die Gläser und beim nächsten Mal machen wir bei mir eine Schatzsuche... und zwar draußen, wenn die Sonne wieder scheint!"

Die anderen waren zufrieden mit dem Vorschlag.

Tatsächlich fanden sie im Keller und auf dem Dachboden tolle Dinge, die keiner mehr brauchte, für die sie aber eine neue Verwendung und neue Namen fanden. So packte sich Susi zum Beispiel einen Metallgegenstand aus dem Kellerraum, in dem viele Sachen gelagert waren, ein, der silbrig glänzte, nachdem sie ihn ein bisschen poliert hatte, und behauptete, damit könnte man Feenstimmen hören (es sah ein bisschen aus wie ein Hütchen oder ein Hörrohr). Hans wollte da nicht nachstehen und zeigte den anderen eine große Muschel, in der er das Meer rauschen hören konnte. Sie probierten es alle der Reihe nach und: Es klappte tatsächlich!

Petra fand später auf dem Dachboden schöne, glänzende Murmeln und sagte, dass sie damit das Mondlicht einfangen würde. Da prusteten sie alle gleichzeitig los, denn ihre magischen Ideen gefielen ihnen doch recht gut. Nun schauten alle Fritz erwartungsvoll an, denn der hatte noch keinen „magischen" Gegenstand gefunden. Er fand auch nichts Passendes mehr und ging enttäuscht aus dem Keller nach oben.

Als er gerade den letzten Treppenabsatz hochsteigen wollte, fiel Fritz hin, weil er in Gedanken nicht bei der Sache war. Er tat sich zum Glück nur ein bisschen weh. „Auch das noch…", dachte er. Als er aufstand, bemerkte er einen kleinen Knopf an der Wand oberhalb der Treppe. Wie ihr euch denken könnt, konnte er nicht widerstehen, auf den Knopf zu drücken… und eine geheimnisvolle Pforte öffnete sich.

Die anderen waren ihm mittlerweile gefolgt, weil sie

beschlossen hatten, ihm zu helfen, auch seinen persönlichen magischen Gegenstand zu finden und starten mit offenem Mund auf die Pforte. Keiner sagte ein Wort, sie einigten sich stumm mit Blicken, dass sie schauen wollten, was da drin war.

Vorsichtig gingen sie hinein und schlichen eine lange Wendeltreppe hinunter. Am Ende der Treppe stand eine große Kiste. Fritz wollte schon losrennen, doch Hans meinte: „Wir müssen aufpassen, hier sind vielleicht Fallen versteckt!“ Sie gingen vorsichtig zu der Kiste hin und hoben sie ein Stück beiseite. Da fuhren plötzlich Schwerter aus den Wänden und Pfeile flogen wild durcheinander.

Die Kinder schrien wie auf Knopfdruck: „Lauf!!“ Zum Glück kamen sie heil an der Treppe an. Diese flitzten sie wie geölte Blitze nach oben. Dort drückte Hans schnell den Knopf und die Tür schloss sich wieder.

Fritz jubelte: „Ich habe mir die Kiste noch schnappen können!“ Natürlich sahen sie sofort hinein, und was lag darin? Gold, Rubine, Smaragde, Saphire und andere wundervoll glänzende Schmuckstücke. Sie konnten es gar nicht fassen, dass sie schon wieder einen Schatz gefunden hatten.

Als sie das Hans´ Eltern erzählten, riefen die: „Das

muss gefeiert werden!" Da es mittlerweile früher Abend und die Wolken sich auf magische Weise verzogen hatten, riefen diese bei den anderen Eltern an, um sie wieder mal zu einem Grillfest einzuladen. „Vielleicht ist das in diesem Herbst die letzte Möglichkeit...", sagte Hans´ Vater. Und so grillten sie wieder einmal und ließen es sich gut gehen.

... und auf einmal war es Morgen...

Hans erwachte zuerst, fast im selben Augenblick Petra, gleich danach Susi und im selben Moment Fritz. Alle vier setzten sich im Hauszelt auf und starten eine Weile vor sich hin....

Sie hatten zusammen nach einem wunderschönen Grillabend mit ihren Eltern bei Susi im Garten gezeltet. Petra erhob zuerst die Stimme: „Ich hatte eben so einen schönen Traum, der war so real, ich kann es fast nicht glauben dass ich hier im Zelt aufwache". Hans fiel, noch ziemlich schlaftrunken, ein: „Ja, ich auch. Wir haben einen Geheimgang in Hans` Haus entdeckt". Als er schlucken musste, sagte Fritz: „Und es sind Schwerter und Pfeile aus den Wänden geflogen". Susi meinte: „Da haben wir wohl alle den gleichen Traum geträumt, falls ihr davon redet, dass wir in der Kiste, die Fritz sich schnappen konnte, Saphire und sonstige Edelsteine gefunden haben".

Alle vier schauten sich nun sprachlos an. Da ergriff Susi erneut das Wort: „Meine Mama hat mir mal von solchen Träumen erzählt. Wenn man sich sehr mag und irgendwie auch gedanklich miteinander verbunden ist, dann kann es vorkommen, dass man die gleichen Träume träumt. Manchmal steckt sogar ein bisschen Wahrheit dahinter. Vielleicht finden wir ja wirklich so einen Schatz".

Und da es gerade anfing ein wenig zu regnen, legten sie sich alle vier erst noch einmal zurück und dösten vor sich hin. Zufrieden mit sich, ihrer Freundschaft und der Magie, die überall zu warten schien, schliefen die Kinder erneut ein...

Mia in Not

Der Herbst war da und brachte viele regnerische Nachmittage mit sich. So auch diesen. Hans und Fritz sollten an diesem Nachmittag die Einmachgläser, die noch da waren, für Kürbis- und Zucchini-Püree zu Fritz´ Mutter bringen.

Hans musste zuerst noch sein Zimmer aufräumen, Fritz war schon im Keller und rief nach unten: „Hast du die Gläser schon gefunden?" Fritz wollte antworten, dass er sie gerade hochbringen wollte, da hörte er ein klägliches Maunzen. Im Schrank, der hinter dem Regal mit den Gläsern im Keller stand, saß Mia und sah ganz anders aus als sonst, irgendwie ganz klein und kläglich. Da stand Hans auch schon neben Fritz und bemerkte ebenfalls, dass mit Mia etwas nicht stimmte.

Hans bekam Angst um seine Katze und versuchte, sie mit Geräuschen, mit denen man Katzen normalerweise gut locken kann, aus der hintersten Schrankecke hervorzuholen. Doch die sonst so zutrauliche Katze drängte sich nur noch weiter in die Ecke und maunzte wieder herzzerreißend. Hans holte ihr ein Leckerli aus dem Korb, in dem ein Vorrat an Katzenfutter lag, während Fritz beruhigend auf sie einredete. Als sie auch das nicht anrührte und sie sich nicht von Fritz streicheln ließ, sagte Hans: „Ich glaube, sie ist richtig krank. So

verhält sie sich normalerweise nicht. Ich mach´ mir echt Sorgen." Sie suchten Hans´ Mutter, aber die war wohl zum Einkaufen gefahren. „Mist!", schimpfte Hans; er war langsam wirklich verzweifelt.
Fritz versuchte, seinen Freund zu beruhigen, und überlegte fieberhaft, was sie nun tun konnten: Mit dem Fahrrad und bei diesem Regen konnte sie eine kranke Katze schlecht transportieren. Außerdem mussten sie es erst schaffen, sie in die Katzenbox zu stecken. Kranke Tiere lassen sich nicht gern anfassen, das wusste er.

So riefen sie bei Fritz Zuhause an und baten am Telefon um Hilfe. Glücklicherweise konnte seine Mutter Susanne herkommen und gemeinsam schafften sie es, Mia in die Transportbox zu bekommen und brachten sie dann im Auto zum Tierarzt.

Sie mussten recht lange warten und im Wartezimmer roch es nach den verschiedenste Tieren – und auch ein bisschen nach Pipi. Sie warteten still und machten sich große Sorgen um Mia. Als sie endlich ins Behandlungszimmer gerufen wurden, stellte sich heraus, dass Mia Rattengift erwischt hatte. Mia bekam sofort eine Spritze und Tabletten, die sie ihr auch Zuhause weiterhin geben sollten. Die Tierärztin erklärte ihnen, wann und wie genau sie das tun sollten und sagte dann: „Ein Glück, dass ihr gleich gekommen seid. Dadurch habt ihr Mia das Leben gerettet."

Erleichtert fuhren sie nach Hause. Am Abend, als Hans` Mutter ihn und Fritz (sie übernachteten wieder bei Hans) ins Bett gebracht und noch ein paar von den unterhaltsamen MOASI-Geschichten vorgelesen hatte, sagte Hans zu Fritz: „Mia war für mich immer irgendwie selbstverständlich. Als Katze war sie halt einfach da und gehörte einfach zur Familie. Mehr habe ich darüber nicht nachgedacht. Aber heute wurde mir so richtig klar, wie lieb ich sie eigentlich habe und was für ein Schatz sie doch in Wirklichkeit ist. Manchmal, wenn ich fernsehe, liegt sie einfach nur auf meinem Schoß und schnurrt. Und wenn mir langweilig ist, sehe ich ihr oft zu, wenn sie irgendwelchen Dingen hinterherjagt oder herumspringt. Ich bin sehr froh, dass du ihr Maunzen hinter dem Schrank gehört hast". „Ja", antwortete Fritz. „Das war wirklich Glück! Aber nur, weil wir wieder alle zusammen geholfen haben, konnte es gut ausgehen."

Erleichtert und zufrieden schliefen beide ein. Mia lag im Körbchen neben ihnen. Sie war zwar immer noch sehr erschöpft, aber die Medizin begann schon zu wirken. Bald würde sie wieder gesund sein und sie würden wieder zusammen spielen...

Nach ein paar Tagen ging es Mia endlich so viel

besser, dass sie wieder im Haus umherstreifte und sich schnurrend an vorbeigehende Beine kuschelte – vor allem an die ihrer Retter. Sie schnurrte wie verrückt unter den Kraul-Attacken der Kinder. Hatte Mia etwa gemerkt, dass ihr Hans und Fritz das Leben gerettet haben?

Es sieht so aus, denn: Als Hans´ Vater ein paar Tage später mit seinem Sohn schimpfte, weil der seine herum liegenden Anziehsachen immer noch nicht weggeräumt hatte, stellte sich Mia vor Hans, als würde sie ihn verteidigen wollen. Da musste Hans´ Vater schmunzeln und sagte: „Da hast du ja jetzt einen treue Leibwache... Eine Katze fühlt, wer es besonders gut mit ihr meint." „Ich dachte mir ja schon immer, sie hat etwas von einem Elefanten", mischte sich Hans´ Mutter lachend ein. Als sie das irritierte Gesicht ihres Sohnes ah, fügte sie hinzu: „Na weil die doch angeblich nie vergessen...".
Hans fand zwar überhaupt nicht, dass Mia etwas von einem Elefanten hatte, so leichtfüßig wie sie war, mit ihrem Stupsnäschen; über diesen Schatz, seine treue Katzenfreundin, war er jedenfalls sehr glücklich.

Abenteuer im Wald

An einem sonnigen, aber klirrend kalten Sonntagnachmittag in den Weihnachtsferien beschlossen Hans und Fritz in den Wald zu gehen. Es hatte in den letzten Tagen viel geschneit und der Schnee lag gut 20 Zentimeter hoch. Sie wollten Tierspuren im Wald suchen und mit ihren Ferngläsern, die sie zu Weihnachten bekommen hatten, Rotwild und Vögel beobachten.

Als sie ungefähr einen halben Kilometer vom Waldesrand entfernt waren, und bis auf ein paar Eichhörnchenspuren noch nichts Nennenswertes entdeckt hatten, hörten sie hinter sich ein aggressives Fauchen, das fast in eine Art Brüllen überging. Sie drehten sich um und sahen in einiger Entfernung eine Art Riesenkatze. Sie war so weit weg, dass sie sie gerade noch sehen konnten, doch trotzdem war das aufgrund der aggressiven Geräusche für sie gefährlich nah. Sie wussten aus ihren Tierbüchern ein bisschen was über Wildkatzen, zum Beispiel, dass diese bisweilen etwas gefährlich sein konnten. Aber diese spezielle war noch etwas größer als dass es ihnen normal vorgekommen wäre und auch ihr Fell kam ihnen etwas seltsam vor. Irgendwie fühlten beide sich ängstlich und so flüsterte Fritz (der etwas blass geworden war): „Wenn die jetzt kommt, sind wir verloren.“ „Komm, schnell weg, noch haben wir eine

Chance!", erwiderte Hans.

Und so rannten und rannten und rannten sie immer weiter, doch irgendwann machten die beiden schlapp. Erschöpft fielen erst Fritz, dann Hans hin. „Hoffentlich ist sie uns nicht hinterher gerannt, so wie die sich angehört hat, ist mit der nicht zu spaßen", sagte Fritz. „Ja," antwortete Hans, „ich habe schon ein paar Mal Wildkatzen gesehen, aber so eine große und angsteinflößende noch nie".

Nachdem beide mit ihren Ferngläsern die Gegend überblickt hatten und sich sicher waren, dass die Katze nicht mehr in ihrer Nähe war, überlegten sie, was sie denn nun tun sollten. Hans erinnerte sich, dass sein Onkel Edi ihm erzählt hatte, dass er einmal einen verletzten Fuchs im Wald gefunden und er daraufhin den Förster alarmiert hatte. Nachdem er dies Fritz mitgeteilt hatte, entschieden beide, zum Forsthaus zu gehen. Sie waren schon ein paar Mal im Herbst beim Förster gewesen, weil sie ihm ein paar Körbe voll Kastanien, die sie zum Basteln gesammelt und dann doch nicht alle benötigt hatten, für die Rehe vorbei gebracht hatten. Es lag ca. 15 Gehminuten von ihrem momentanen Aufenthaltsort entfernt.

Sie liefen also zur Forststation und dort angekommen, begrüßte sie der Förster, der ja beide kannte, mit ihren Namen und fragte gleich freundlich, ob es ihnen denn beim Spielen wohl zu kalt geworden sei und sie eine heiße Schokolade wollten. Da bekamen beide leuchtende Augen und nahmen das Angebot dankend an, denn durch das viele Rennen waren sie schon sehr erschöpft und wegen der Kälte auch ziemlich durchgefroren.

Beim Trinken der leckeren heißen Schokolade erzählten beide dann von ihrer Beobachtung und dass sie recht Angst bekommen hatten, als sie die Katze sahen und vor allem, als sie die aggressiven Geräusche hörten, die sie von sich gab. Der Förster wurde verdächtig still und runzelte ein wenig die Stirn: „Vielleicht war es ja gar keine Wildkatze", sagte er etwas nachdenklich. „Aus benachbarten Revieren habe ich gehört, dass immer mehr Luchse in der Gegend auftauchen sollen. Vielleicht ist es ja ein solcher. Seltsam nur, dass er sich so aggressiv verhalten hat. Normalerweise wäre er euch ausgewichen. Wisst ihr denn noch, wo ihr ihn gesehen habt?"

Die Kinder, die die Schokolade gerade ausgetrunken hatten, bejahten die Frage und erzählten aufgeregt, dass sie im hohen Schnee ja auch ihre Fußspuren hinterlassen hätten.

So machten sie sich zu dritt auf den Weg. Der Förster hängte sich eine kofferartige Schachtel und sein Gewehr um. Als er die etwas ängstlichen

Gesichtsausdrücke der Kinder bemerkte, erklärte er ihnen: „Denkt euch nichts. Das Gewehr gehört zur Standartausrüstung eines Försters".

So leitete Hans, der einen hervorragenden Orientierungssinn hatte, die beiden zielstrebig zu der Stelle, an der sie die vermeintliche Katze gesehen hatten. Schon von weitem vernahmen sie die aggressiven Geräusche. Der Förster sah durch sein Fernglas und die Kinder taten es ihm gleich. „Wie ich es mir gedacht habe", nickte er. „Es ist tatsächlich ein Luchs. Er scheint sich in irgendetwas verfangen zu haben. Er schreit so, weil er Schmerzen hat! Bleibt besser hier, das ist zu gefährlich!" Die Jungen folgten ausnahmsweise einmal, denn das Ganze war ihnen etwas unheimlich.

Da der Förster wusste, wie man mit verletzten wilden Tieren umgeht, holte er aus seinem Umhängekoffer einen Betäubungspfeil, denn ein wildes Tier, das Schmerzen hat, kann einem Menschen sehr gefährlich werden.

Als der Luchs, als würde er einschlafen, in sich zusammensackte, fragte Fritz besorgt: „ Ist er jetzt tot?" Der Förster, der nun Begann das Tier zu befreien, antwortete beruhigend: „Nein, er schläft nur so lange, bis wir wieder weg sind. Seinen Fuß kann ich in der Zeit auch noch verarzten." Die Jungen atmeten erleichtert auf.

Als der Förster die Wunden des Luchses verarztet hatte, machten sie sich wieder auf den Weg zum Försterhaus. Zwischenzeitlich erzählte der Förster den Jungen, dass der Luchs neben dem Bären und dem Wolf eines der größten Landraubtiere dieser Gegend gewesen war. „Da die Menschen jedoch Angst vor ihnen hatten, wurden sie mehr und mehr ausgerottet. Nun, da sich die Grenzen zum Osten hin geöffnet hatten und es dort noch mehr dieser Tiere gibt, finden sie auch in unserer Gegend mehr und mehr wieder Einzug. In manchen Gebieten wird der Luchs sogar ganz gezielt wieder eingesiedelt." Hier in diesem Wald war das jedoch nicht der Fall und der Luchs, so versicherte er ihnen, war im Herbst noch nicht hier. Er vermutete, dass das Tier bei seiner Futtersuche in dieser Gegend gelandet war. Woher das Drahtseil kam, in dem es sich verfangen und dadurch verletzt hatte, wusste er nicht. Er ermahnte die Kinder deshalb, immer gut aufzupassen und keine Dinge, die nicht natürlicher Art waren, einfach im Wald zurück zu lassen: „Ihr seht ja, was das für die Tiere für unangenehme Folgen haben kann". „Nicht nur für die Tiere", antworteten Hans und Fritz wie aus einem Munde.

Nachdem sie noch jeder eine Tasse heiße Schokolade getrunken hatten und vom Förster über das Jagdverhalten der Luchse aufgeklärt worden waren, machten sie sich auf den Nachhauseweg. Als sie zuerst Hans` , danach Fritz` Eltern von ihrem Abenteuer im Wald erzählten, riefen die sich wieder einmal über das Telefon zusammen und entschlossen sich, die Aufregung der Kinder bei einem winterlichen Barbecue abklingen zu lassen. Gemeinsam mit dem Förster, sowie Susi und Petra samt deren Eltern wurde es noch ein herrlicher Abend auf der Terrasse bei Hans, mit vielen Fackeln, einem kleinen Lagerfeuer, Gesang und Freude.

Der Pferdediebstahl

In den Osterferien machten Susi und Petra Urlaub auf dem Gestüt von Susis Tante. Gabriele, die die Taufpatin von Susi war, war zugleich auch ihre Lieblingstante. Sie hatte eine Pferdezucht und in den Ferien kamen die Kinder manchmal zu Besuch, um dort zu reiten und sich in den Ställen ein wenig nützlich zu machen.

Jedes Kind hatte für den Zeitraum des Aufenthalts ein „eigenes" Pferd, für das es sorgte und auf dem es reiten durfte. Abends machten es sich die Kinder oft auf dem Heuboden der großen Scheune gemütlich, spielten und tollten herum. Es war alles so frei und offen hier...

Susi und Petra waren sehr froh, dass Tante Gabi sich so viel Zeit für die Kinder nahm und ihnen bei den Ausritten auch immer sehr viel über die Tiere erzählte. Der ganze Stolz des Gestütes war „Dotterblume", einem Galopprennpferd, das im letzten Jahr bei einem Rennen der Gruppe 1 sogar den Preis von 90.000 € nach Hause brachte. Aber das interessierte Susi und Petra eher weniger, ihnen machte das gemütliche Reiten und die Arbeit im Stall mit den Pferden einfach Spaß.

Irgendwann gegen Abend - die beiden hatten es sich gerade auf dem Heuboden gemütlich gemacht -

sahen sie einen irgendwie auffälligen Geländewagen auf den Hof fahren. Er fiel ihnen gleich auf, weil er etwas anders aussah als die normalen Autos, er war kantig und rund zugleich und hatte eine ziemlich undefinierbare Farbe, irgendetwas zwischen braun, grau und grün. Auch der Mann, der aus dem Auto stieg, war auffällig, sehr groß und breit, trug einen langen Mantel mit ebenfalls undefinierbarer Farbe und einen Hut, der sehr groß war und aussah, als sei er schon 100 Jahre alt.

Er ging zum Haus, wo ihn Gabriele empfing und ihn mit in das Haus nahm. Die Kinder lachten sich gegenseitig an, weil anscheinend alles ok war - sonst würde die Tante den Mann ja nicht empfangen. So fuhren sie dann noch jede einen weiteren Schubkarren voll Mist zum Haufen neben der Scheune. Dort standen sie dann eine Weile und beobachteten Guido, der gerade mit dem Hofhund Josef, einem Bernhardiner, raufte. Guido war der Stallbursche, so nannte ihn Gabriele, und die Kinder mussten darüber immer etwas schmunzeln, denn Guido war bestimmt schon 50 Jahre alt - aber laut Tante Gabi im Herzen immer noch ein Kind.

Als sie wieder am Haus vorbei kamen, sahen sie den seltsamen Mann mit Gabriele wieder aus dem Hause kommen. Tante Gabi war sehr aufgebracht, deutete zum Wagen des Mannes und etwas wütend brachte sie hervor „.... und dass Sie sich hier nie wieder blicken lassen - für uns sind Tiere immer noch Lebewesen und keine Maschinen!"

Als der Wagen aus dem Hof fuhr, fragten die Kinder Tante Gabi, was denn los sei und warum sie eben so böse zu dem Mann gewesen sei. „Ach, der will Dotterblume kaufen, weil er letztes Jahr den Preis gewonnen hat. Er will ihn an einen reichen Mann verkaufen, der ihn weltweit durch die Gegend schippern will, um mit ihm viel Geld zu verdienen. Aber nicht mit mir! Dotterblume ist schließlich der Nachkomme von Pfauenauge, das war mein erstes Pferd, das mir mein Vater damals zum 6. Geburtstag geschenkt hat. Der gehört zur Familie - und das bleibt auch so. Außerdem habe ich noch nie so einen unsympathischen Menschen erlebt wie diesen hier. Fährt extra 700 km mit diesem Vehikel hierher, für etwas, was wir gut auch am Telefon hätten besprechen können."

Naja, Susi und Petra machten sich nicht weiter Gedanken darüber, ritten noch ein wenig mit ihren Pferden aus und saßen am Abend mit Guido zusammen am Lagerfeuer. Guido war irgendwie immer schmutzig im Gesicht, aber die Geschichten, die er erzählte, waren so gruselig-spaßig-echt, dass sie ihm am liebsten den ganzen Tag zugehört hätten.

Als Susi und Petra nachts in ihrem Zimmer lagen - es war gerade Vollmond, der Wind wehte sanft durch das geöffnete Fenster - konnten beide nicht so richtig einschlafen. Da hörten sie ein ziemlich lautes Gewieher und Gestampfe. Beide schauten auf ihre Wecker und wunderten sich: Es war schon halb drei Uhr morgens....

Am nächsten Morgen erwachten sie erst recht spät, denn irgendwie mussten sie den Schlaf ja nachholen. Sie schauten aus dem Fenster und wunderten sich, warum da ein Polizeiauto stand. Als sie nach unten gingen, begegneten sie zuerst Guido, der ihnen aufgeregt erzählte, dass heute Nacht Dotterblume gestohlen worden sei. Als sie den großen Aufenthaltsraum betraten, hörten sie Gabriele laut zu einem Polizisten sagen: „ Und wenn sie mir noch hundert Mal sagen, Herr Hansen hätte ein Alibi - für mich ist er der Dieb!"

Oh je, das war nun gar nicht schön. Es herrschte eine Stimmung auf dem Hof, als sei jemand gestorben. Noch nicht einmal Guido kam in diesen Tagen ein Lächeln übers Gesicht.

Susi und Petra fühlten mit Tante Gabi, aber sie konnten doch nichts machen und wussten nicht so recht, wie sie mit der veränderten Situation auf dem Hof umgehen sollten. Immer wieder wünschten sie sich, dass Dotterblume doch von ganz alleine wieder zurück kommen würde, so das alle auf dem Hof wieder glücklich waren.

Als sie ein paar Tage später mit ihren Pferden unterwegs waren, diesmal ritten sie etwas weiter weg, sogar über den angrenzenden Wald hinaus, sahen sie auf einem Feldweg wieder den seltsamen Wagen. Der Schlapphutmann, so nannten sie ihn, saß darin und hinten am Wagen hing ein großer Pferdeanhänger. „Der ist ja immer noch in der Gegend", sagte Susi. „Vielleicht möchte er mehrere Pferde kaufen", antwortete Petra. „Komm, reiten wir doch hinterher und schauen wohin er fährt!"

Gesagt, getan. Da der Geländewagen auf dem Feldweg nicht allzu schnell fahren konnte und es sowieso nur eine Abzweigung gab, an der die beiden aber durch die Reifenspuren gut erkennen konnten, wohin er gefahren war, konnten sie Herrn Hansen gut folgen. So entdeckten sie am Rande des nach den Feldern beginnenden nächsten Waldes eine Scheune. Der Wagen fuhr gerade mitsamt dem Anhänger rückwärts hinein und die Kinder schlugen den Weg in die entgegengesetzte Richtung ein.

Susi, die gerne Kinderkrimis las, hatte das vorgeschlagen. Herr Hansen sollte nicht auf sie aufmerksam werden, denn auch sie war fest davon überzeugt, er hätte etwas mit dem Diebstahl von Dotterblume zu tun. Sie banden die Pferde am Waldrand an einen Baum und pirschten sich von hinten an die Scheune heran. Durch zwei Bretter konnten sie leicht in die Scheune sehen und sie hörten zwei Männer miteinander sprechen. Herr Hansen war etwas ungehalten, da er schon längst hätte weg sein müssen, irgend so etwas in der Art sagte er. Aber der andere Mann meinte, früher wäre es zu gefährlich gewesen. Da führten sie ein Pferd in den Anhänger. Susi und Petra erkannten Dotterblume sofort! Beide sahen sich ängstlich und wild entschlossen zugleich an. „Was jetzt?", flüsterten sie. Leise schlichen sie sich zu ihren Pferden zurück.

Dort angekommen rief Susi sofort ihre Tante an und berichtete ihr von den Geschehnissen. Tante Gabi meinte die Kinder sollen sofort zurück zum Hof kommen. Es wäre jetzt viel zu gefährlich für sie, dort bei der Scheune.

Als die Kinder nach gut zwei Stunden (sie waren diesmal wirklich weiter geritten als sonst) ankamen, fuhr Guido gerade mit dem Pferdeanhänger auf den Hof und lud Dotterblume ab. Tante Gabi umarmte die Kinder herzlich und hatte Tränen in den Augen: „Kinder! Welch ein Glück, ich bin euch ja so dankbar. Hättet ihr die beiden Schurken nicht beobachtet, Herr Hansen wäre wohl schon über alle Berge mit Dotterblume..."

Am Abend gab es auf dem Hof ein großes Fest mit vielen bunten Lampions, Musik und viel Gelächter.

Auch die zwei Polizisten waren in zivil dabei und erzählten den Anwesenden noch einmal die Geschichte in Kurzform: Nachdem Herr Hansen Dotterblume nicht kaufen habe können, seinen Weiterverkauf allerdings schon vertraglich geregelt hatte - und von seinem Käufer, der allerdings in einem anderen Land lebte und von dem Diebstahl nichts wusste - schon Geld bekommen hatte, hatte er einen hochverschuldeten Bauern, der dringend Geld benötigt, angeheuert, um Dotterblume zu stehlen. In der Scheune, die sich im Nachbarlandkreis befand, und zu der Susi und Petra geritten waren, fand gerade die Übergabe des Pferdes sowie des Lohns für den Pferdediebstal statt. Die beiden Kinder hätten sich in echter Gefahr befunden, betonten die Polizisten, denn Herr Hansen war sogar bewaffnet. Sie hätten sich aber vollkommen richtig und vorbildlich verhalten, indem sie sich leise wieder davongeschlichen und ihre Tante informiert hatten. Diese wiederum hat die Polizei informiert, mit Angabe des Standorts, den die Kinder so ungefähr durchgeben haben können (sie kannten sich in der Gegend ja nicht allzu gut aus), konnte die Polizei dann Herrn Hansen auf der Bundesstraße, die zur Autobahn führte, aufhalten und stellen.

So nahm die Geschichte ein gutes Ende und die alte Fröhlichkeit und Unbeschwertheit zog wieder auf dem Hof ein. Guido sang, spielte auf seiner Gitarre und tanzte, dass es für alle Beteiligten eine wahre Freude war. Und irgendwann flüsterte Petra Susi ins Ohr: „Ich freue mich schon darauf, Hans und Fritz von diesem Erlebnis zu erzählen..."

Die Freundschaft mit dem Delfin

Eines schönen Morgens war es endlich soweit. Seit langem hatten die Eltern von Hans und Fritz eine vierwöchige Urlaubstour an der Ostküste von Australien geplant. Ein alter Studienfreund von Fritz` Vater Martin, der seit Jahren in Townsville arbeitete und lebte, hatte ihn dazu ermuntert. So könnten sie sich treffen und der Studienfreund würde Martin viele Insidertipps für den Trip geben, mit deren Hilfe sich beide Familien versprachen, einen sehr schönen Urlaub verbringen zu können.

So hatten sie also den weiten Flug nach Sydney, sowie einen Akklimatisierungstag im Hotel hinter sich. (Nach so einem langen Flug muss man sich erst einmal wieder erholen, seinen „Jetlag" überwinden, und sich auf die veränderte Zeitzone einstellen: Wenn es bei uns Tag ist, ist es in Australien Nacht...) Als sie also wieder halbwegs fit waren, holten sie die beiden Wohnmobile ab. Anschließend waren sie auf dem Weg aus Sydney in Richtung Brisbane unterwegs. Hans und Fritz hatten beschlossen, den ersten Tag bei Hans` Eltern im Wohnmobil zu verbringen. Sie waren begeistert von den langen Vehikeln, die beide ca. 10 Meter maßen, viel Raum boten und einen Wohn-Essbereich hatten, der nach außen hin ausfahrbar war. Jedes der Wohnmobile hatte im hinteren Teil ein separates Schlafzimmer, den Wohn-Essbereich hätte man zusätzlich noch zum Schlafen nutzen können, aber die beiden Kinder hatten beschlossen, im Alkovenbereich - das ist der Teil über dem Fahrbereich - ihre jeweiligen Nachtlager aufzuschlagen. Eigentlich wollten sie auch während der Fahrt dort Zeit verbringen. Die Eltern hatten ihnen allerdings erklärt, dies sei etwas zu gefährlich, da sie im Falle eines Unfalles, dort nicht ausreichend gesichert seien.

Fritz` Vater hatte aufgrund der vielen Tipps seines Freundes Freddy die Route nach Townsville akribisch geplant. Sie sollte auf kleineren Straßen entlang der Küste verlaufen.

Nach ca. fünf Stunden Fahrt hielten sie an einem schönen Campingplatz direkt am Meer. Alle vier machten sich sofort auf ins Wasser, schwammen, plantschten und tollten herum, als wären sie alle gleichaltrige Kinder. Danach ging es zum Campingplatz-eigenen Supermarkt und die Familien versorgten sich erst einmal für die nächsten Tage mit allem, was man eben so braucht, wenn man unterwegs ist und auch einmal abseits von Ortschaften das Lager aufschlagen wollte.

Jeder Stellplatz war mit einer eigenen Feuerstelle und eigenem Grill versehen. Wen wundert`s also, dass die Familien sich sogleich an einen gemütlichen Grillabend machten. Der Ausblick auf das offene

Meer war einfach wundervoll und Martin versorgte alle Beteiligten mit mehr Informationen zu Land und Leuten, als die anderen hören wollten. Er war einfach nur zu begeistert von diesem Urlaub, für den sie insgesamt 28 Tage eingeplant hatten. Irgendwann sah ihn seine Frau Susanne an und meinte: „Martin, es reicht nun. Wir alle hier sehen und fühlen, wie schön es hier ist".

In der ersten Nacht schliefen alle wunderbar und als sie am Morgen gemeinsam vor den beiden Wägen auf den Campingstühlen saßen und ihr Frühstück zu sich nahmen, strahlte Hans` Vater voller Elan: „Ich fühle mich um 20 Jahre jünger. Hoffentlich hält der Urlaub, was er jetzt schon verspricht"

So vergingen die Tage und je nachdem, wo sie gerade waren und wie es ihnen gefiel blieben sie einmal länger und einmal kürzer am jeweiligen Ort. Sie fanden viele kleine Buchten und Lagunen, wo sie die Wohnmobile immer v-förmig formatierten und dazwischen ihren Außenwohnbereich aufschlugen. Manchmal schliefen Hans und Fritz auch auf ihren Luftmatratzen draußen, erzählten sich gegenseitig Geschichten oder beobachteten einfach nur die vielen Sterne am Firmament.

Eines Tages, sie waren schon ein paar Tage an ihrem aktuellen Lagerplatz geblieben, hatten Hans und Fritz die Idee, mit ihrer großen Doppelluftmatratze ein wenig aufs Meer hinauszurudern. Gesagt, getan, Hans legte sich auf die Matratze und Fritz schob ihn an, dann umgekehrt. Sie schwammen ein wenig umher, danach legten sie sich auf die Matratze und ruhten sich aus. Sie achteten dabei gar nicht auf die Zeit und irgendwann waren sie auf der Luftmatratze wohl ein wenig eingedöst. Als sie wieder aufwachten, war rings um sie herum nur Wasser. Das Land war weit weg und beide wussten auch nicht, wo der Abschnitt war, von dem sie losgeschwommen und von dem sie nun weggetrieben waren. „Wie sollen wir dahin wieder zurückfinden?!", fragte Fritz. „Wir sind zu weit draußen, es hat uns weit weg getrieben und wer weiß, wie lange wir geschlafen haben". Da wurde es beiden ganz mulmig zu Mute. Und gerade, als sie beide es so richtig mit der Angst zu tun bekamen, spürten sie, wie das Wasser um sie herum sich zu bewegen begann. Fritz hatte schon immer ein bisschen Angst vor Haien gehabt, auch im Schwimmbad - obwohl er wusste, dass sie da nun wirklich nicht sein konnten. Aber Ängste sind eben Ängste - und hier auf dem Meer waren sie gar nicht mehr so abwegig... Es war so tief, dass hier einige große Tiere Platz gehabt hätten... Fritz blieb fast das Herz stehen - und Hans, der denselben Gedanken zu haben schien, ebenfalls. Doch bevor sie vor Panik noch ohnmächtig werden konnten, sprang auf einmal ein Delfin über sie und die Luftmatratze hinweg.

„Wow", sagten beide wie aus einem Munde, „ein Delfin!" Sie waren so erleichtert, dass es kein Hai war!! Immer wieder sprang der Delfin über sie hinweg und, ohne sich mit Worten zu verständigen, gingen beide ins Wasser und näherten sich ihm. Sie wussten, dass Delfine Haie fernhielten und spielten so sorglos mit dem Delfin und vergaßen wieder einmal die Zeit. Sie streichelten ihn und ließen sich von ihm herumziehen.

Da schnappte er auf einmal die Leine, die an der Luftmatratze festgemacht war, und mit der sie sich zu Beginn gegenseitig gezogen hatten. Langsam begann der Delfin nun, sie zu ziehen und da verstanden Hans und Fritz, dass der Delfin anscheinend begriffen hatte, dass sich die Jungen nicht auf das offene Meer, sondern in Küstennähe gehörten. Sie legten sich beide auf die Matratze und ließen sich von „Delfi", so nannten sie ihn, ziehen. Zielstrebig zog er sie zu einer ganz bestimmten Stelle an Land und als sie eines der Wohnmobile sahen, viel ihnen ein dicker Stein vom Herzen. „Wie hast du nur gewusst, wohin wir müssen?!", schrien sie Delfi zu. Der zerrte die Luftmatratze bis auf wenige Meter an das Ufer heran, wo schon aufgeregt die Eltern der beiden Jungen standen und wie wild gestikulierten.

Hans und Fritz stiegen von der Luftmatratze und schwammen ihren Eltern entgegen. Diese umarmten die beiden Kinder und fingen an zu weinen. „Wir haben euch beobachtet und uns große Sorgen um euch gemacht. Ihr wart ja so weit draußen! Papa wollte die Polizei verständigen, aber hier draußen haben wir kein Handynetz. Jetzt ist er los in die nächste Stadt, um Hilfe zu holen. Hier lag ja nicht mal ein Boot, mit dem wir euch hätten holen können!", schluchzte Maria, Hans` Mutter.

Da deuteten beide auf Delfi und Hans und Fritz sagten: „Irgendwie hat er uns gefunden und dann an Land gezogen. Wir hatten auch schon richtig Angst, aber sobald er bei uns war, war sie wie verflogen".

So sahen alle fünf aufs Meer hinaus, doch Delfi sprang schon wieder in Richtung des weiten Meeres hinaus und bald sahen sie ihn nicht mehr. Da kam Heinz auch schon mit dem Wohnmobil den kleinen Weg zur Bucht hinunter gefahren. Gefolgt von einem Polizeiwagen. Er nahm sofort beide Jungen in den Arm und drückte sie fest. „Was bin ich froh, dass ihr wieder hier seid!", atmete er auf.

Der Polizist - sein Name war Michael Swim - besprach mit den Eltern kurz die Situation. Danach legte er beiden Jungen die Hand auf die Schulter und sagte etwas, was sie nicht verstanden. Aber es hörte sich warm und beruhigend an. Nachdem er dann noch ein wenig mit den Eltern gesprochen hatte, diesmal lag etwas Warnendes in seiner

Stimme, fuhr er auch schon wieder den kleinen Weg in Richtung Hauptstraße davon. Was waren alle froh wieder zusammen zu sein und glücklich, dass nichts weiter passiert war!

An diesem Abend ermahnten die Eltern Hans und Fritz noch des Öfteren, künftig ganz gut aufzupassen: „Die Strömungen hier sind zum Teil sehr rau und ziehen einen schnell aufs offene Meer hinaus. Es hätte böse ausgehen können, wenn nicht zufällig der Delfin aufgetaucht wäre...". Die Kinder versprachen, in Zukunft immer das Land im Auge zu behalten, betonten aber auch, dass das Erlebnis mit dem Delfin ihnen unglaublich gut gefallen hätte. „Wer weiß, ob wir ihn getroffen hätten, wenn wir näher an Land geblieben wären", sinnierte Hans kurz vor dem Einschlafen noch an Fritz gewandt.

Die Tage vergingen wie im Fluge und alle genossen den Urlaub aus tiefstem Herzen. In den beiden vorletzten Tagen trafen sie dann auch auf Freddy, der sie in sein Haus einlud und ihnen Townsville zeigte. Hier fühle er sich mittlerweile heimisch, sagte er, und nach fast zehn Jahren Australien, träumte er nun sogar schon in der dortigen Sprache. Darüber dachten die Kinder lange nach und teilten sich gegenseitig mit, überhaupt noch nicht über die Sprache der Träume nachgedacht zu haben. Hans meinte: „Gestern habe ich von Delfi geträumt und mich auch mit ihm unterhalten. Was wir da für eine

Sprache hatten, weiß ich gar nicht mehr". Fritz nickt nur verstehend.

Und als sie, am letzten Tag bevor sie die Wohnmobile am Flughafen, von dem sie zurück nach Sydney flogen, abgeben wollten, fuhren sie zu einer kleinen Bucht, die ihnen Freddy noch empfohlen hatte und die weitab der normal befahrenen Straßen lag. Sie mussten eine lange Zeit auf staubigen Feldwegen dahinfahren, um überhaupt dorthin zu kommen. Susanne war sogar etwas ungehalten, weil die Fahrt über den holprigen Weg wirklich alles andere als angenehm war und sie schon so lange fuhren.

Dort angekommen war aller Ärger jedoch schnell vergessen. Denn der Ausblick war wirklich sensationell: Die geschwungene Landzunge, die wie nahtlos in das türkisfarbene Wasser überging, verbunden mit dem herrlichen Lichtspiel der Sonne auf dem Wasser war einfach traumhaft! Und auf einmal kamen ca. zehn Delfine auf sie zu geschwommen. Sie sprangen und sprangen und es war ein wahres Spektakel auf dem Wasser. Alle sechs bekamen Gänsehaut und starten wie gebannt aufs Wasser. Eines der Tiere schwamm etwas voraus und lies die Gruppe hinter sich. Auf den Hinterflossen näherte es sich den beiden Familien und gab viele Laute von sich, die sich für Hans und Fritz wie ein freundliches Lachen und Begrüßen anhörten. Sie gingen mit den Füßen ins Wasser und tatsächlich: Dieser Delfin näherte sich ihnen soweit er konnte, bis hin ins seichte Wasser. Sie streichelten ihn und waren so glücklich wie vielleicht noch nie zuvor in ihrem Leben. So bedankten sie sich bei ihrem Freund „Delfi" und wussten beide, dass sie sich in ihrem Traum wohl hier mit ihm verabredetet hatten.

Nach ein paar Minuten schwamm der Delfin wieder zurück zu seiner Familie und alle winkten ihnen zu, hatten Tränen in den Augen und waren sich bewusst, dass dies wohl einer der außergewöhnlichsten Momenten in ihrem Leben war.